U0627734

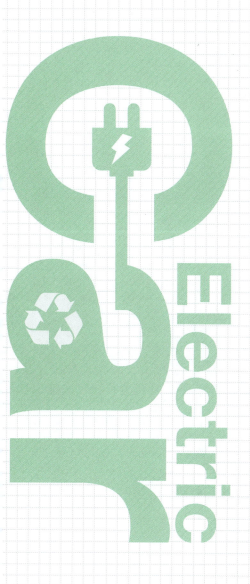

新能源汽车概论

主　编　邹明森　黄　华

副主编　彭小伟　姜琳晖

参　编　饶志锋　杜　超

　　　　赵延科　金　峰

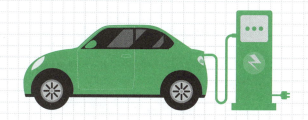

内容简介

本书是高等职业教育新能源汽车类新形态一体化教材。本书主要内容包括绪论、纯电动汽车、混合动力电动汽车、燃料电池电动汽车和其他新能源汽车。

本书立足于职业教育的特点及新能源汽车对人才的需求，结合新能源汽车的最新研究成果，系统全面地论述了新能源汽车技术。本书内容丰富、图文并茂、实用性强，可作为高等职业院校汽车类专业的专业教材，也可作为广大汽车爱好者新能源汽车方面的科普图书。

授课教师如需要本书配套的教学课件等资源或是有其他需求，可发送邮件至邮箱 gzjx@pub.hep.cn 索取。

图书在版编目（CIP）数据

新能源汽车概论 / 邹明森，黄华主编 . -- 北京：
高等教育出版社，2021.12（2025.8重印）
ISBN 978-7-04-054158-8

Ⅰ. ①新… Ⅱ. ①邹… ②黄… Ⅲ. ①新能源 – 汽车
– 高等职业教育 – 教材　Ⅳ. ①U469.7

中国版本图书馆 CIP 数据核字（2020）第 102483 号

XINNENGYUAN QICHE GAILUN

策划编辑	姚　远	责任编辑	姚　远　张值胜	封面设计	赵　阳	版式设计　童　丹
插图绘制	于　博	责任校对	刁丽丽	责任印制	刘思涵	

出版发行	高等教育出版社	网　　址	http://www.hep.edu.cn
社　　址	北京市西城区德外大街 4 号		http://www.hep.com.cn
邮政编码	100120	网上订购	http://www.hepmall.com.cn
印　　刷	三河市骏杰印刷有限公司		http://www.hepmall.com
开　　本	787mm×1092mm　1/16		http://www.hepmall.cn
印　　张	12		
字　　数	260 千字	版　　次	2021 年 12 月第 1 版
购书热线	010-58581118	印　　次	2025 年 8 月第 5 次印刷
咨询电话	400-810-0598	定　　价	36.80 元

本书如有缺页、倒页、脱页等质量问题，请到所购图书销售部门联系调换
版权所有　侵权必究
物 料 号　54158-00

前　言

汽车的发明与发展，为人类做出了巨大的贡献，同时也带来了能源和环境两大问题。世界各国为了解决能源短缺、环境污染等问题，相继出台了各种节能减排的法规和标准，制定了各种鼓励研发、推广新能源汽车的政策和措施，使新能源汽车行业迅速发展，出现了纯电动汽车、混合动力电动汽车、燃料电池电动汽车、太阳能电池汽车、二甲醚燃料汽车、氢燃料汽车以及汽车超级电容储能装置、飞轮储能装置等新能源汽车及节能装置。

本书立足于职业教育的特点及新能源汽车行业对人才的需求，结合新能源汽车的最新研究成果，系统全面地论述了新能源汽车技术。本书本着"内容适当、结构合理、贴合实际、简明实用"的思想，具体编写特点如下。

1. 内容适当，结构合理

在内容上，本书主要介绍纯电动汽车、混合动力电动汽车、燃料电池电动汽车的特点、结构和原理，对其他类型的新能源汽车也进行了简单介绍，内容详略得当。

2. 结合实例，易教易学

本书在编写的过程中，融入了大量经典和最新实例，加深学生对知识点的理解，并最大限度地拓宽学生的视野。

3. 图文结合，模块丰富

本书采用图文结合的讲解方式，并穿插了"拓展阅读""搜一搜/想一想"等模块，不仅增强了可读性，更可以加强课堂互动，活跃课堂气氛，充分调动学生的积极性。

4. 与时俱进，直击前沿技术

本书所涉及的关键技术都结合新能源汽车最新技术，能让学生了解新能源汽车领域的主流趋势，培养学生的前瞻性思维。

本书主要由江苏省交通技师学院教师共同编写，南京中邦智慧教育姜琳晖参与编写。其中邹明森、黄华担任主编，彭小伟、姜琳晖担任副主编，饶志锋、杜超、赵延科、金峰参与编写。本书编写分工如下：饶志锋编写第1章，杜超编写2.1、2.2、2.3、2.4，姜琳晖编写2.5，赵延科编写2.6，彭小伟编写第3章，黄华编写第4章，金峰编写5.1，邹明森编写5.2，全书由彭小伟统稿。编者在本书的编写过程中查阅了大量书籍、文献和资料，引用了一些资料和参考文献中的部分内容，在此特向各位作者表示深切的谢意。

由于编者水平有限，书中难免有错误和疏漏之处，敬请广大专家与读者批评指正！

编者
2021 年 7 月

目　录

1　第1章　绪论

2　**1.1　新能源汽车的发展背景**

4　**1.2　新能源汽车的定义和分类**

4　　1.2.1　新能源汽车的定义

4　　1.2.2　新能源汽车的分类

9　**1.3　新能源汽车的发展现状及趋势**

9　　1.3.1　国外新能源汽车的发展现状及趋势

11　　1.3.2　中国新能源汽车发展历史、现状及趋势

17　第2章　纯电动汽车

18　**2.1　纯电动汽车的类型及特点**

23　**2.2　纯电动汽车的结构原理**

25　**2.3　纯电动汽车的主要部件**

25　　2.3.1　纯电动汽车的动力电池

41　　2.3.2　纯电动汽车电机

55　　2.3.3　电机控制器（MCU）

56　**2.4　北汽新能源纯电动汽车主要部件**

56　　2.4.1　北汽新能源 EV160 纯电动汽车动力电池系统

61　　2.4.2　北汽新能源 EV200 纯电动汽车驱动电机系统

69　**2.5　典型纯电动汽车简介**

74　**2.6　纯电动汽车充电桩**

83　第3章　混合动力电动汽车

84　**3.1　混合动力电动汽车的定义和组成**

84　　3.1.1　混合动力电动汽车的定义与特点

84　　3.1.2　混合动力电动汽车的组成

86　**3.2　混合动力电动汽车的分类**

86　　3.2.1　按照动力系统结构形式分类

89　　3.2.2　按照混合度分类

90　　3.2.3　按照能否外接电源进行充电分类

90　　3.2.4　按照行驶模式的选择方式分类

91　　3.2.5　按照车辆用途分类

91　　3.2.6　按照与发动机混合的可再充电能量储存系统分类

91　**3.3　混合动力电动汽车的基本结构与工作原理**

91　　3.3.1　串联式混合动力电动汽车的结构和工作模式

94　　3.3.2　并联式混合动力电动汽车的结构和工作模式

97　　3.3.3　混联式混合动力电动汽车的结构和工作模式

100　　3.3.4　插电式混合动力电动汽车的结构和工作模式

102　**3.4　三种混合动力电动汽车的比较**

102　　3.4.1　三种混合动力驱动系统比较

104　　3.4.2　三种混合动力电动汽车的特点

105　　3.4.3　插电式混合动力电动汽车的特点

106 **3.5 典型混合动力电动汽车工作原理**

106   3.5.1 典型混合动力电动汽车整车概述

107   3.5.2 典型混合动力电动汽车动力系统概述

116   3.5.3 典型混合动力电动汽车的工况模式

121 **3.6 典型混合动力电动汽车简介**

121   3.6.1 比亚迪 2017 款 1.5T 秦 100

124   3.6.2 卡罗拉双擎

126   3.6.3 吉利博瑞 GE MHEV

129 **第 4 章 燃料电池电动汽车**

130 **4.1 燃料电池电动汽车的类型和结构原理**

130   4.1.1 燃料电池

132   4.1.2 燃料电池电动汽车的类型和结构原理

145 **4.2 典型燃料电池电动汽车**

145   4.2.1 丰田燃料电池电动汽车

148   4.2.2 本田 FCX 系列燃料电池电动汽车

153 **第 5 章 其他新能源汽车**

154 **5.1 太阳能电池汽车**

154   5.1.1 太阳能电池

155   5.1.2 太阳能电池汽车

156   5.1.3 太阳能电池汽车的优越性及面临的问题

158 **5.2 替代燃料汽车**

158   5.2.1 气体燃料汽车概述

161   5.2.2 压缩天然气燃料汽车的结构原理

168   5.2.3 液化石油气燃料汽车的结构原理

173   5.2.4 二甲醚燃料汽车

176   5.2.5 氢燃料汽车的结构原理

178   5.2.6 醇燃料概述

185 **参考文献**

第 1 章 ▶▶▶
··
绪　　论

1.1 新能源汽车的发展背景

石油短缺、环境污染、全球变暖是世界汽车产业面对的共同挑战，各国政府和产业界都提出了各自的发展战略来积极应对。新能源汽车已经成为21世纪汽车产业的发展热点，也代表了全球汽车产业的发展方向。

随着时代的发展，生活水平的提高，大家越来越意识到维护生态平衡、保护环境是关系到人类生存、社会发展的根本性问题。随着燃油汽车在全世界范围内的普及，其尾气排放，对大气造成的污染越来越严重。1997年12月，旨在限制全球温室气体排放的《京都议定书》获得了通过，并于2005年2月16日正式生效。针对汽车尾气排放的污染问题，世界各个国家和地区针对汽车尾气排放的标准越来越严格。而为了应对越来越严格的汽车尾气排放标准，通过改进传统能源汽车发动机以减少尾气排放的难度只会越来越大。发展新能源汽车成为世界各国、各大汽车厂商的新选择，因为新能源汽车的生产和使用会从根本上解决汽车尾气排放问题。

新能源汽车已经成为21世纪汽车工业的发展热点，也代表了全球汽车产业的发展方向。汽车产业是国民经济的重要支柱产业，在国民经济和社会发展中发挥着重要作用。随着我国经济持续快速发展和城镇化进程加速推进，今后较长一段时期汽车需求量仍将保持增长势头，由此带来的能源紧张和环境污染问题将更加突出。发展新能源汽车既是有效缓解能源和环境压力，推动汽车产业可持续发展的紧迫任务，也是加快汽车产业转型升级，培育新的经济增长点和国际竞争优势的战略举措。

我国新能源汽车相比欧美发达国家发展较晚，产业根基较为薄弱，为了扶持引导新能源汽车发展，国家和各级地方政府在产业发展、补贴福利、配套建设及交通管理等方面出台多种政策。近些年来在国家政策引导和各方努力下，我国新能源汽车在研发推广、技术水平等方面取得明显成效，产销快速增长。

我国新能源汽车以政策带动发展的特殊环境，造成目前新能源汽车对政策高度依赖。随着国家对新能源汽车政策补贴逐步退坡，各汽车企业将面临一定挑战，也迫使新能源汽车行业不断提升技术水平，降低生产成本，未来我国新能源汽车的发展将逐步由政策主导转变为由市场力量推动。

对于我国而言，发展新能源汽车具有重要的国家战略意义。

优化能源消费结构。我国是世界第二大石油消费国，中国石油集团经济技术研究院发布《2019年国内外油气行业发展报告》显示，2019年我国原油净进口量首次突破5亿t大关，对外依存度达72.5%，而燃油汽车恰恰是石油消耗大户。大力发展新能源汽车产业，减少燃油汽车的产销量，降低我国对国际石油的依赖，有利于优化我国的能源消费结构，保障我国的能源安全和经济发展。

改善空气质量。2010年11月，在环保部发布的《中国机动车污染防治年报（2010年度）》中，首次公布了机动车污染物排放情况，机动车尾气排放是国内大中城市空气污染的主要来源。加快发展新能源汽车产业，减少燃油汽车的使用，能够减少汽车尾气排放，从而改善空气质量，减轻雾霾，推动环境友好型社会的建立，利国利民。

提高能源利用效率。我国已经成为世界第一大能源消费国和第二大经济体，无论从能源消费还是经济水平来看，我国均成为世界上的能源消费大国和经济实力大国。但是，反映一个国家能源发展水平的不是能源消费总量，而是能源利用效率。我国的能源利用效率与发达国家还有一定差距。大力发展新能源汽车产业，有利于促进我国能源利用效率的提高，让我国成为一个能源强国。

成为汽车强国的必然之路。大力发展新能源汽车产业，既符合我国的国情，也切合世界汽车产业发展的方向。加速推进新能源汽车产业化进程，不仅能够促进交通领域节能减排和汽车工业可持续发展，而且能够提升汽车生产制造企业的创新能力，促进汽车工业技术进步，推动汽车产业结构调整，是培养新的经济增长点、振兴我国汽车工业、成为汽车强国的重大战略举措。

▶ 拓展阅读

汽车数量剧增，给自然环境中的空气、土地资源、水资源、海洋、人文环境及人类的生存和健康带来许多不利影响，这些影响效应往往相互叠加，引发出事先未曾预料到的诸多问题。汽车是依靠发动机燃烧燃料产生驱动力而行驶的，在发动机燃烧燃料做功后排放的尾气中，含有一氧化碳、二氧化碳、氮氧化物、碳氢化合物以及对人体产生不良影响的其他固体细微颗粒物。

一氧化碳是无色、无刺激的有毒气体，是汽车有害排放物中浓度最高的一种成分。城市大气中的一氧化碳大部分来自汽车尾气，它是燃油不充分燃烧的产物。车速越慢，交通堵塞越严重，排放量就越多。空气中一氧化碳浓度超标时，可导致人体出现中枢神经系统慢性中毒，引起头痛、眼睛发直等症状。当空气中一氧化碳含量达到 $4 \ g/m^3$ 时，能在 30 min 内使人死亡。

二氧化碳是主要的温室气体之一。当大气中二氧化碳含量升高时，会增强大气对太阳光线中红外线辐射的吸收，阻止地球表面的热量向外散发，使地球表面的平均气温上升，产生温室效应。目前，全世界二氧化碳的排放量已超过 200 亿 t，其中汽车的排放量约占 10% ～ 15%，汽车尾气中的二氧化碳占尾气总量的 20%。

氮氧化合物与空气中的水分和其他物质反应可能形成酸雨、酸雾等，会腐蚀金属物体、建筑物和历史文物等。酸雨还污染河流、湖泊，严重影响鱼类生存。氮氧化物与空气中的水分、氨以及其他化合物反应，生成含硝酸的细微颗粒物，会影响呼吸系统，损害肺组织，进入人体肺脏深处，会引起或者恶化呼吸系统疾病。汽车尾气中所含的各种碳氢化合物总称为烃类，成分有百余种之多，其浓度比一氧化碳少。

碳氢化合物中大部分对人体健康的直接影响并不明显，但碳氢化合物中含有少部分醛类（甲醛、丙烯醛）和多环芳烃（苯并芘等）。其中甲醛与丙烯醛对鼻、眼和呼吸道黏膜有刺激作用，可引起结膜炎、鼻炎和支气管炎等，它们还有难闻的臭味。苯并芘被认为是一种强致癌物质。

我国是一个能源生产大国和消费大国，拥有丰富的化石能源资源，但是人均能源资源拥有量较低，煤炭和水力资源人均拥有量仅相当于世界平均水平的50%。石油、天然气人均资源拥有量仅为世界平均水平的1/15左右。在经济高速增长的条件下，能源的消耗速度更快，能源短缺的威胁可能来得更早、更严重。

▶ 搜一搜 / 想一想

汽车从其诞生之日开始就对人类社会、经济、环境、政治和文化产生着深入而广泛的影响，请简要归纳一下汽车能源的发展经历了哪些阶段。

 1.2　新能源汽车的定义和分类

1.2.1　新能源汽车的定义

新能源汽车是指采用非常规的车用燃料作为动力来源（或使用常规的车用燃料、采用新型车载动力装置），综合车辆的动力控制和驱动方面的先进技术，形成的技术原理先进，具有新技术、新结构的汽车。

非常规的车用燃料指除汽油、柴油、天然气（NG）、液化石油气（LPG）、乙醇汽油（EG）、甲醇和二甲醚之外的燃料。

1.2.2　新能源汽车的分类

新能源汽车包括纯电动汽车（BEV，包括太阳能汽车）、混合动力电动汽车（HEV）、燃料电池电动汽车（FCEV）、燃料电池电动汽车以及其他新能源汽车等。

1. 纯电动汽车

纯电动汽车，顾名思义就是采用电力驱动的汽车，大部分纯电动汽车直接采用电机驱动，有一部分纯电动汽车把电机装在发动机舱内，也有一部分纯电动汽车直接以车轮作为四台电机的转子。

纯电动汽车本身不会排放污染大气的有害气体，即使按其所耗电量换算为发电厂的排放，除硫和微粒外，其他污染物也显著减少。电厂大多建于远离密集人口的区域，并且目前已有相应技术来清除或降低有害排放物，故而对人类的危害较轻。再者，电力获取的来源广泛，如来源于火电、核能、水力、风力、光、热等，远优于燃油汽车对石油资源的单一依赖。

纯电动汽车还可以充分利用晚间用电低谷时富余的电力充电，使发电设备日夜都能充分利用，大大提高其经济效益。有关研究表明，同样的原油，经过粗炼，送至电厂发电，电能充入电池，再由电池驱动汽车，其能量利用效率比经过精炼变为汽油，再经汽油发动机驱动汽车要高，因此有利于节约能源和减少二氧化碳的排放。正是这些优点，使纯电动汽车的研究和应用成为汽车工业的一个热点。目前，对于纯电动汽车而言，最大的障碍就是基础设施建设和续航里程，以及价格过高影响了产业化的进程。与混合动力汽车相比，纯电动汽车更需要配套的基础设施，而这不是一家企业能解决的，需要各企业联合起来与政府部门、社会各界一起建设基础设施，纯电动汽车才会有大规模推广的机会。

纯电动汽车技术相对简单成熟，只要有电力供应的地方都能够充电。缺点是蓄电池单位重量储存的能量太少，还因电动汽车的电池较贵，还未形成规模经济，故购买价格较贵。至于使用成本，有些使用成本比燃油车贵，有些使用成本仅为燃油车的1/3，这主要取决于电池的使用寿命及当地的油、电价格。

2. 混合动力汽车

混合动力汽车是指那些采用传统燃料，同时配以电动机或发电机来改善低速动力输出和降低燃油消耗的车型。按照燃料种类的不同，主要又可以分为汽油混合动力汽车和柴油混合动力汽车两种。国内市场上，混合动力汽车的主流是汽油混合动力汽车，而国际市场上柴油混合动力汽车发展也很快。

混合动力汽车的优点如下。

① 混合动力汽车可按平均需用的功率来确定内燃机的最大功率，使汽车在油耗低、污染少的最优工况下工作。需要大功率时，内燃机功率不足，则由电池来补充；负荷少时，富余的功率可发电给电池充电。因为内燃机可以持续工作，电池又可以不断充电，故其续航里程和普通燃油汽车一样较长。

② 因为有电池，所以可以方便地回收制动、下坡和怠速时的能量。

③ 在繁华闹市，可关停内燃机，由电池单独驱动，实现"零"排放。

④ 因为有内燃机，可以方便地解决纯电动汽车会遇到的制冷、取暖和除霜等耗能大的难题。

⑤ 可以利用现有的加油站加油，不必再单独增加基础设施投资。

⑥ 可以让电池保持良好的工作状态，不会发生电池过充、过放等情况，能延长电池的使用寿命，降低成本。

混合动力汽车的缺点是长距离高速行驶时，基本不能省油。

3. 燃料电池电动汽车

燃料电池电动汽车是指以氢气、甲醇等为燃料，通过化学反应产生电流，依靠电机驱动的汽车。其核心部件是燃料电池。燃料电池是通过氢气和氧气发生氧化还原化学反应，产生出电能来带动电机工作，由电机带动燃料电池电动汽车中的机械传动结构，进而带动燃料电池电动汽车的前桥（或后桥）等工作，从而驱动燃料电池电动汽车前进。燃料电池的化学反应主要产生水、极少的二氧化碳和氮氧化合物，因而燃料电池电动汽车是绿色新型环保汽车。

氢燃料电池电动汽车的氢燃料能通过几种途径得到。有些车辆直接携带纯氢燃料，另外一些车辆有可能装有燃料重整器，能将烃类燃料转化为富氢气体。为了满足车辆的动力要求，燃料电池电动汽车需将单个燃料电池组合成燃料电池组。

燃料电池电动汽车以其高效率和近似零排放被普遍认为具有广阔的发展前景。美国、欧盟、日本和韩国都投入了大量资金和人力进行燃料电池车辆的研究，通用、福特、克莱斯勒、丰田、本田、奔驰等大公司都已经开发出燃料电池电动车型并已经在公路上运行，普遍状况良好。近年来，我国在燃料电池电动汽车方面的投入也不断加大，北京奥运会、上海世博会期间都有燃料电池电动轿车和电动客车进行了示范运行。

与传统汽车相比，燃料电池汽车具有以下优点。

① 零排放或近似零排放。

② 减少了机油泄漏带来的污染。

③ 降低了温室气体的排放。

④ 提高了燃油经济性。

⑤ 提高了发动机燃烧效率。

⑥ 运行平稳、无噪声。

燃料电池电动汽车的缺点是燃料电池成本高昂，同时使用成本（氢）也昂贵。

4. 替代燃料汽车

替代燃料汽车是指用压缩天然气（CNG）、液化石油气（LPG）或液化天然气（LNG）作为燃料的汽车。

世界各国政府都在积极寻求解决汽车尾气排放以及替代石油燃料这方面难题的方法，开始纷纷调整汽车燃料结构。替代燃料汽车的一氧化碳排放量比汽油车减少90%以上，碳氢化合物排放减少70%以上，氮氧化合物排放减少35%以上，是较为实用的低排放汽车。由于其排放性能好，可调整汽车燃料结构，运行成本低、技术成熟、安全可靠，目前替代燃料汽车已在世界上得到了推广和应用，图1-1所示为压缩天然气燃料汽车加气站。

图1-1　压缩天然气燃气汽车加气站

5. 其他新能源汽车

其他新能源汽车包括其他替代燃料汽车，使用超级电容器、飞轮等高效储能器的汽车等。

（1）其他替代燃料汽车

其他替代燃料包括氢、乙醇、甲醇、生物柴油等清洁环保燃料。近年来我国黑龙江、吉林、辽宁、河南、安徽和广西等一些省份开始全省范围推广车用乙醇汽油来替代普通汽油，且推广省份在进一步增加。相较于普通汽油，乙醇汽油燃烧性能好，能减少 10% 以上的汽车尾气排放。

氢燃料汽车是以氢燃料发动机为动力源的汽车。一般发动机使用的燃料是柴油或汽油，氢燃料发动机使用的燃料是气体氢。氢燃料汽车是一种真正实现零排放的交通工具，排放出的是纯净的水，其具有无污染、零排放、储量丰富等优势。

图 1-2 所示为 2008 年北京车展亮相的长安汽车自主研发的我国首款氢燃料概念跑车"氢程"。

图 1-2 2008 年北京车展，长安汽车自主研发的我国首款氢动力概念跑车"氢程"

氢燃料汽车的优点为排放物是纯水，行驶时不产生任何污染物。其缺点为氢燃料成本过高，而且氢燃料的储存和运输按照技术条件来说非常困难，因为氢分子非常小，极易透过储藏装置的外壳逃逸。另外最致命的问题是氢气的提取需要通过电解水或者利用天然气，如此一来同样需要消耗大量能源，除非使用核电来提取，否则无法从根本上降低二氧化碳排放。

（2）超级电容器汽车

超级电容器是利用双电层原理的电容器。在超级电容器的两极板上的电荷产生的电场作用下，在电解液与电极间的界面上形成相反的电荷，以平衡电解液的内电场。正电荷与负电荷在两个不同相之间的接触面上，以正负电荷之间极短间隙排列在相反的位置上，这种电荷分布层叫作双电层，电容量非常大。

超级电容器在充电—放电的整个过程中，没有任何化学反应和高速旋转等机械运动，不存在对环境的污染，也没有任何噪声，结构简单，质量轻，体积小，是一种更加理想的储能器。超级电容器是在混合动力汽车和纯电动汽车停车时，由外接电源向超级电容器充电使电容器集聚大量的电荷，然后在电动汽车行驶时放电，向驱动电机提供电能。超级电容器能够实现快速充电，在极短时间内即可完成电容器的充电。图 1-3 所示为 2010 年上海世博会园区世博专线使用的超级电容汽车。

图1-3   2010年上海世博会园区世博专线使用的超级电容汽车

（3）飞轮储能汽车

飞轮电池（图1-4）中有一个电机，充电时该电机以电动机形式运转，在外电源的驱动下，电机带动飞轮高速旋转，即用电给飞轮电池"充电"，增加了飞轮的转速从而增大其功能；放电时，电机则以发电机状态运转，在飞轮的带动下对外输出电能，完成机械能（动能）到电能的转换。

飞轮电池充电快，放电完全，非常适合应用于混合能量推动的车辆中。车辆在正常行驶和制动时，给飞轮电池充电，飞轮电池则在加速或爬坡时，给车辆提供动力，保证车辆运行在平稳、最优状态下，这样可减少燃料消耗、对空气的污染和噪声污染以及减少发动机的维护，延长发动机的使用寿命。

图1-4   飞轮电池

▶ 拓展阅读

2012年国家启动甲醇汽车应用试点工作。2019年3月19日，为了加快推动甲醇汽车的应用、实现车用燃料多元化，工业和信息化部、国家发展和改革委员会、科学技术部、公安部、生态环境部、交通运输部、国家卫生健康委员会和国家市场监督管理总局等8部委发布《关于在部分地区开展甲醇汽车应用的指导意见》。《关于在部分地区开展甲醇汽车应用的指导意见》指出，按照因地制宜、积极稳妥和安全可控的原则，重点在山西、陕西、贵州和甘肃等资源禀赋条件较好且具有甲醇汽车运行经验的地区，加快 M100 甲醇汽车的应用。《关于在部分地区开展甲醇汽车应用的指导意见》提出，各省要加快甲醇汽车制造体系建设。鼓励汽车及相关零部件生产企业在现有制造体系基础上，针对甲醇汽车特性，通过技术改造完善甲醇汽车制造体系，提升甲醇汽车制造技术水平，开发甲醇乘用车、商用车、非道路工程车等车辆及动力机械，满足市场需求。完善甲醇汽车生产基地建设，合理布局甲醇汽车生产。

▶ 搜一搜 / 想一想

通过查阅相关资料，了解我国在新能源汽车推广方面发布的相关政策和意见。

1.3 新能源汽车的发展现状及趋势

1.3.1 国外新能源汽车的发展现状及趋势

1. 美国新能源汽车发展现状及趋势

美国是全球最大的新能源汽车产销国之一，政府十分重视污染气体排放，近几届政府在新能源汽车推广问题上可谓不遗余力。特斯拉是全球最大的新能源汽车生产企业之一，在技术创新、产品设计等方面处于全球领先地位。

美国新能源汽车自推出市场以来，一直保持稳步增长态势，尤其近几年发展势头非常迅猛。2015 年，美国新能源轻型车（乘用车）车型共计 224 种。若按使用能源类型看，车型数量排名前四的分别是 E85（乙醇）、混合动力、生物柴油以及纯电动（包括插电式混动）。

美国的纯电动汽车起步较早，于 1995 年开始推出第一款车型。但 2005—2010 年这五年发展缓慢，几乎没有新车型推出。直到 2012 年，纯电动汽车开始进入快速发展阶段。2015 年共计生产 27 种纯电动车型。混合动力汽车起步相对纯电动汽车较晚，2000 年才开始进入量产阶段。但自量产以来，一直保持相对稳定的增速，目前车型种类已经超过纯电动汽车。美国从 2012 年开始推出首款氢燃料汽车，目前累计生产 7 种车型。虽然燃料电池汽车尚未推广普及，但其具有无污染、续航能力强、使用便捷等优势，在新能源汽车领域中属于较为前沿技术。

从 20 世纪 80 年代开始，美国政府分阶段推出新能源汽车发展规划：克林顿政府时期以提高燃油经济性为目标，主要发展混合动力汽车；布什政府时期为降低污染气体排放以及降低对石油依赖，主要发展燃料电机（前期为氢燃料，后期为生物质燃料），但由于费用高昂，商业化推广速度缓慢；奥巴马政府时期设立近期目标为实现混合动力汽车商业化，远期目标为发展燃料电池汽车，计划投资 48 亿美元用于动力电池和电动汽车的研究和产业化。除了政府大力推动，汽车生产企业也在积极参与兴建充电设施。如特斯拉在 2012 年 9 月启动了"加州充电站计划",为购买特斯拉的用户提供充电服务。日产公司已在美国设有 160 座电动汽车充电站,并且计划扩充至少 500 座快速充电站。

2. 日本新能源汽车发展现状及趋势

日本是世界第三大经济体,也是世界汽车生产、消费和出口大国,但由于自然资源匮乏,石油、天然气等能源都依赖进口。长期以来,日本一直在努力减少对进口石油的依赖。日本作为汽车生产强国,发展新能源汽车不仅具有优势汽车产业及较强的技术支撑,也是其面对新的竞争环境、继续保持行业领先地位的有效途径。日本汽车产业旨在通过发展新能源汽车,制定行业新标准,保持产业竞争优势,进一步探寻世界领先的能源环境解决方案,并通过创新促进需求。

多年来,日本非常重视新能源汽车的发展,日本环境省早在 2009 年就公布了《新能源汽车普及战略》,在对 2020—2050 年的新能源汽车销量和保有量做出预测时称,2020 年和 2030 年 EV 和 PHEV(并联式混合动力电动汽车)销量将分别达到 52 万辆和 90 万辆。但从近几年的发展情况看,EV 和 PHEV 发展较为缓慢,难以实现近期目标,预计在中远期,技术和成本有所突破、油价有所回升以后才能带动其快速发展。

2013 年,日本政府提出"日本重振战略"和"2014 年汽车产业战略",确立了日本新能源汽车的"销售目标"。2020 年 HEV(混合动力汽车)销量占比达 20%~30%,EV 和 PHEV 共占 15%~20%,FCV 接近 1%;2030 年 HEV 占 30%~40%,EV 和 PHEV 共占 20%~30%,FCV 接近 3%。此外,日本《化学经济》于 2015 年发表了至 2050 年的日本新能源汽车最新销售占比预测。但是从近几年的 EV 发展速度和政府对 FCV 发展的重视程度来看,其对 EV 预测值偏高,而FCV 预测值偏低。对日本汽车产业来说,HEV 是过渡产品,日本中期将大力发展PHEV 和 EV,但是基于日本国内电力严重紧缺等问题,中远期 FCV 才是日本汽车产业终极发展目标。

3. 欧洲新能源汽车发展现状及趋势

根据德国汽车交通领域的学术与战略咨询机构汽车管理中心(CAM)公布的《2017 年度汽车创新报告》,2017 年度德国销售了 5.45 万辆电动车,这比 2016 年销售量增长 117%。电动车所占市场份额也从上一年度的 0.8% 上升至 1.6%。政府对柴油车采取的限行措施可能导致了柴油车市场份额从原来的 45.9% 下降至38.8%,这在一定程度上为新能源汽车市场的发展腾出了空间。不过传统的汽油车也因此而获益,其份额从 2016 年的 52.1% 上升至 57.7%。

从欧洲市场来看,法国和英国电动车的销量也有所增长,而荷兰油电混动汽车的销量却因 2016 年国家终止补贴而下滑了 60%。与此相反,挪威的电动车在国家"三免"措施(即免增值税、免进口税和免车辆税)的刺激下迅猛发展,2017 年共售出 6.2 万辆电动车,市场份额达到了 39.3%,比上一年度上升了 10.2 个百分点,其增速大大高于基础设施建设增速,以至于不得不采取限购措施,即只有具备在家充电条件的用户才可购买电动车。

1.3.2　中国新能源汽车发展历史、现状及趋势

1. 中国新能源汽车发展历史及现状

中国新能源汽车产业始于 21 世纪初。2001 年，新能源汽车研究项目被列入国家"十五"期间的"863"重大科技课题，并规划了以汽油车为起点，向氢燃料汽车目标挺进的战略。"十一五"期间，我国提出"节能和新能源汽车"战略，政府高度关注新能源汽车的研发和产业化。

2008 年，新能源汽车在国内已呈全面出击之势。2008 年成为我国"新能源汽车元年"。2008 年 1—12 月新能源汽车的销量增长主要是乘用车的增长，1—12 月新能源乘用车销售 899 台，同比增长 117%，而商用车的新能源车共销售 1 536 台，1—12 月同比下滑 17%。2009 年，在密集的扶持政策出台背景下，我国新能源汽车驶入快速发展轨道。虽然新能源汽车在中国汽车市场的比重依然微小，但它在中国商用车市场上的增长潜力已开始释放。2009 年 1—11 月，新能源乘用车销量同比下降 61.96%，至 310 辆。

2009 年 1—11 月，新能源商用车，主要是液化石油气客车、液化天然气客车、混合动力客车等销量同比增长 178.98%，至 4 034 辆。相比在乘用车市场的冷遇，"新能源汽车"在中国商用车市场已开始迅猛增长。

2010 年，我国正加大对新能源汽车的扶持力度，2010 年 6 月 1 日起，国家在上海、长春、深圳、杭州和合肥等 5 个城市启动私人购买新能源汽车补贴试点工作。2010 年 7 月，国家将十城千辆节能与新能源汽车示范推广试点城市由 20 个增至 25 个。选择 5 个城市进行对私人购买节能与新能源汽车给予补贴试点。新能源汽车正进入全面政策扶持阶段。2012 年国务院出台了《节能与新能源汽车产业发展规划（2012—2020 年）》，2013 年 9 月四部委发布《关于继续开展新能源汽车推广应用工作的通知》，2015 年 9 月国务院发布《关于加快电动汽车充电基础设施建设的指导意见》，以及《电动汽车科技发展"十二五"专项规划》《关于组织开展新能源汽车产业技术创新工程的通知》《汽车产业中长期发展规划》等，都为新能源汽车发展营造良好的政策环境，并起到了强有力的推动作用。

2011—2015 年开始，新能源汽车进入产业化阶段，并在全社会推广新能源城市客车、混合动力轿车、小型电动车。2016—2020 年，我国将进一步普及新能源汽车、多能源混合动力车、插电式电动轿车、氢燃料电池轿车将逐步进入普通家庭。2012 年 5 月，为了加快培育发展新能源汽车，新能源汽车项目每年将获 10 亿～ 20 亿元资金支持。2012 年 4 月 18 日，国务院总理温家宝主持召开国务院常务会议，会议决定争取到 2015 年，纯电动汽车和插电式混合动力汽车累计产销量达到 50 万辆，到 2020 年超过 500 万辆；2015 年当年生产的乘用车平均燃料消耗量降至每百千米 6.9 L，到 2020 年降至 5.0 L；新能源汽车、动力电池及关键零部件技术整体上达到国际先进水平。

2014 年 5 月 24 日，习近平在上海汽车集团考察时强调："发展新能源汽车是我国从汽车大国迈向汽车强国的必由之路，要加大研发力度，认真研究市场，用好用活政策，开发适应各种需求的产品，使之成为一个强劲的增长点"。中央和地方财政在新能源车辆生产成本差价进行双向补贴、在购置税上进行减免、在新能源公交车运营上予以补贴、设置了新能源车辆专门的车牌、在道路通行权予以优先等方面发布了相关政策，使新能源汽车产业具有相对比较健全的系统。正是在多项政策的鼓励引导下，中国新能源汽车产业规模呈现井喷式扩张，新能源汽车市场呈现螺旋式上升。2014 年，中国新能源汽车全年生产 78 499 辆，生产量同比增长近 3.5 倍，销售 74 763 辆，销售量同比增长近 3.2 倍。2015 年 1—4 月，我国新能源汽车累计生产 3.44 万辆，同比增长近 3 倍。其中，纯电动乘用车生产 1.59 万辆，同比增长近 3 倍，插电式混合动力乘用车生产 8 780 辆，同比增长 3 倍；纯电动商用车生产 6 416 辆，同比增长 5 倍，插电式混合动力商用车生产 3 330 辆，同比增长 70%。我国已经连续三年位居全球新能源汽车产销第一大国。2017 年，全球新能源汽车总销量超过了 142 万辆，累计销售突破了 340 万辆。截至 2017 年年底，我国新能源汽车累计销量达到 180 万辆，在全球累计销量中占比超过 50%。新能源汽车无论是销量、增速还是全球市场份额，中国均为世界第一。

2017 年，我国新能源乘用车销售 57.8 万台，占新能源汽车总销量的 74%。2017 年新能源乘用车销量排名前十的企业分别是：比亚迪、北汽新能源、上汽乘用车、知豆、众泰、奇瑞、江铃、长安、江淮、吉利。

2017 年，我国新能源客车销售 8.7 万台，主要销售企业有：宇通、比亚迪、福田、厦门金龙、厦门金旅、苏州金龙、珠海银隆、安凯客车、南京金龙、中通客车、湖南中车时代、申龙客车等。

2017 年，我国新能源专用车销售 15.2 万辆。2017 年新能源专用车销量排名前十的企业分别是：东风、陕西通家、新楚风、重庆瑞驰、南京金龙、中通客车、成都大运、奇瑞汽车、山西成功、吉利商用车。

截至 2017 年年底，全国充电桩数量达 45 万个，公共充电设施已基本完成新国标升级，公共充电桩 21 万个，同比增长了 51%。按 172 万辆的新能源汽车保有量计算，新能源汽车车桩比约为 3.8∶1。充电基础设施仍然是新能源汽车发展的短板。

2017 年我国新能源汽车（EV + PHEV）动力电池装机总电量约为 36.24 GW·h，相比 2016 年 28 GW·h 的数据，同比增长约 29.4%。2017 年动力电池装机量排名前十的企业分别是：宁德时代、比亚迪、沃特玛、国轩高科、比克动力、孚能、力神、国能、亿纬锂能、智航。

2. 中国新能源汽车发展趋势

从长远来看，随着发达国家接连公布取消传统燃油车生产、销售时间表后，我国政府主管部门也发布了中国启动研究取消传统燃油车生产、销售时间表的信号。这对发展新能源汽车产业是重大利好消息，必将促进新能源汽车产业的快速发展。

新能源汽车的发展主要经历两个阶段，第一阶段是以混合动力汽车为主，燃料电池汽车等为辅的发展方向，开拓新能源汽车市场；第二阶段是在纯电动汽车技术成熟的基础上，纯电动汽车逐步替代混合动力及燃料电池汽车以至于完全占据新能源汽车市场，实现零排放的阶段。

我国新能源汽车在新形势下还将面临很多新挑战。

① 现在纯电动汽车虽然发展快，但是功能性能上还是有短板，比如续航里程不足。而且续航里程不能简单用增加电池的办法解决，因为电池增加了，重量也增加了，单位耗能反而增加了。纯电动汽车的功能也还没有完全覆盖汽车市场东西南北不同区域的要求，特别是如何克服北部地区的低温条件，这需要继续探索创新发展的方向和策略。

② 传统内燃机驱动系统面临更加严苛的排放标准和节能减碳要求，产业面临转型的巨大压力，要努力地把它转化为产业升级的动力。

③ 基础设施建设还不平衡、不充分，建设、运营和服务体系还需要更加灵活和完善，新能源汽车市场运营还要创新商业模式。

虽然国内的利好政策促成了新能源汽车连续四年的高速增长，但是由政策驱动的市场的作用越来越不明显，我国新能源汽车领域正发生一场深刻变革，可总结为四个转变。

① 消费结构由乘商并举向乘用车为主转变。

② 消费主体由公共领域向私人购买转变。

③ 私人消费区域由限购城市向非限购城市转变。

④ 私人消费生态由被动接受向主动选购转变。

这四个趋势说明，市场因素对新能源汽车发展的推动作用越来越大，新能源汽车市场逐步由政策驱动型向市场驱动型转变。

新能源汽车产销将持续快速增长，市场规模将达万亿。预计到 2030 年，我国新能源乘用车年销量将突破 1 300 万辆；新能源大中型客车将成为客车销售主力。预计在 2030 年，在新能源乘用车保有量接近 7 000 万辆的情况下，其充电服务对应的市场空间在 5 100 亿元。

2018 年 4 月 17 日，国家发改委宣布取消新能源汽车外资股比限制。同时，越来越多的新兴造车势力正在进入。新能源汽车行业竞争将越来越激烈，大浪淘沙的过程已然开始。企业立足需要三项条件：有核心技术，有适销对路的产品，有资本支持或融资能力。

新能源汽车的续航与基础设施需要补足短板。目前，续航里程短，充电 / 加氢基础设施不完善，依然是制约新能源汽车推广的障碍，市场对长续航和配套基础设施的需求非常明显。在续航里程上，2017 年主流工况续航 300 km，2018 年上半年多数车企已达到 400 km，有的甚至突破到了 500 km。然而电动汽车在不同的速度下，续航里程有所不同，速度越高，续航里程越低。根据威马汽车公布的各型号工况续航，得出的电动车在不同速度下的有效续航为显示可行驶里程的30% ~ 80%。如此一来，有效的长续航仍然是新能源汽车未来需要突破的方向。

随着新能源汽车市场销量的持续增长，充电桩 / 加氢站等基础设施供给不足的问题将日益凸显。

汽车"新四化"，即电动化、网联化、智能化、共享化，已成为汽车行业公认的未来趋势，不具备"四化"特征便很有可能被淘汰。预计到 2027 年，在新购车用户中，00 后将占 7.2%，90 后占 41.8%，80 后占 35.4%。这几代人是在互联网环境中成长起来的，无网络不生活。因此，汽车必将向高级智能移动终端演变，而新能源汽车将迎来高速发展。

▶ 拓展阅读

海南省制定《海南省清洁能源汽车发展规划》，2020 年起全省新注册网约车将 100% 使用清洁能源汽车。

《海南省清洁能源汽车发展规划》明确规定，自发布之日起，海南省除特殊用途外的公交车新增和更换车辆 100% 使用清洁能源汽车，力争 2020 年总体清洁能源化比例不低于 80%。巡游出租车新增和更换车辆 100% 使用清洁能源汽车，力争 2020 年实现全面清洁能源化。网约出租车，海口、三亚新注册网约车 100% 使用清洁能源汽车，全省新增网约车中清洁能源汽车比例不低于 80%，2020 年起，全省新注册网约车 100% 使用清洁能源汽车。分时租赁新增和更换车辆 100% 使用新能源汽车，力争 2025 年总体清洁能源化比例不低于 80%。自 2019 年起，其他租赁车新增和更换车辆使用清洁能源汽车比例不低于 20%，并逐年递增 20%，2023 年起达到 100%。轻型物流配送车（含邮政及城市物流配送）新增和更换车辆 100% 使用新能源汽车，力争 2025 年总体清洁能源化比例不低于 60%。

此外，自 2020 年起，海南旅游客车及城 / 乡际班线车新增和更换车辆使用清洁能源汽车比例将不低于 20%，且逐年递增 20%，2024 年起达到 100%。

▶ 搜一搜 / 想一想

通过查阅相关资料，请思考随着新能源汽车的逐渐推广应用，将对我们的日常生活带来怎样的影响和改变。

 ## 巩固与提高

一、填空题

1. 1769 年法国人_____将蒸汽机装在板车上，研制出世界上第一辆蒸汽驱动的三轮车，这也是世界上第一辆通过机器产生动力的车辆。

2. _____研制出世界上第一辆汽油机驱动的三轮车，_____研制出世界上第一辆汽油机驱动的四轮汽车，他们两人被世人尊称为"汽车之父"。

3. 电动汽车可以分为_____、_____和_____三类。

4.电动汽车电气系统主要包括_____、_____及_____。

二、思考题

1.汽车能源发展经历哪些变化？

2.全世界都重视新能源汽车发展的原因是什么？对于我国而言，大力发展新能源汽车有什么重要战略意义？

3.新能源汽车有哪些分类？与传统汽油车相比，各有哪些优点？

4.结合本章的学习内容，简要分析今后新能源汽车的发展趋势。

第 2 章 ▶▶▶

纯电动汽车

2.1 纯电动汽车的类型及特点

1. 纯电动汽车的类型

纯电动汽车是完全以可充电电池作为动力源，用电机驱动车轮行驶，符合道路交通、安全法规各项要求的车辆。一般采用高效率可充电电池为动力源。纯电动汽车无须使用内燃机，因此，纯电动汽车的电机相当于传统汽车的发动机，电池相当于传统汽车的油箱，电能是二次能源，可以来源于风能、水能、热能和太阳能等。

1）按车载电源数目分类

纯电动汽车发展至今，种类较多，通常按照车载电源数目可分为以下两类。

（1）单一电源作为动力源的纯电动汽车

单一电源为动力源的纯电动汽车只安装了电池组，它的电力和动力传输系统如图 2-1 所示。

图 2-1   单一电源作为动力源的纯电动汽车

（2）装有辅助动力源的纯电动汽车

因单一电池组作为动力源的纯电动汽车其电池组的比能量和比功率较低，电池组的质量和体积都比较大，所以，在某些纯电动汽车上增加辅助动力源，如超级电容器、发电机组和太阳能电池等，由此改善纯电动汽车的起动性能并增加续航里程。装有辅助动力源的纯电动汽车的电力和动力传输系统如图 2-2 所示。

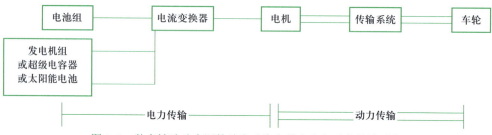

图 2-2   装有辅助动力源的纯电动汽车的电力和动力传输系统

2）按驱动系统布置形式分类

按照驱动系统布置形式分类，可分为传统的驱动模式、电机 – 驱动桥组合式驱动模式、电机 – 驱动桥整体式驱动模式、轮毂电机驱动模式四种。图 2-3 所示为各种形式驱动系统的示意图。

（1）传统的驱动系统

图 2-3a 所示的驱动系统与传统汽车驱动系统的布置方式一致，带有变速器和离合器，只是将发动机换成电机，属于改造型纯电动汽车。这种布置可以提高纯

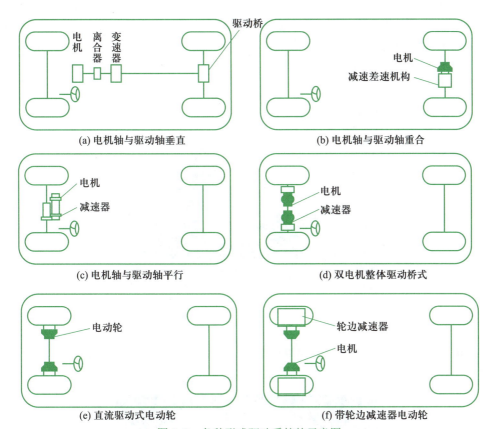

(a) 电机轴与驱动轴垂直   (b) 电机轴与驱动轴重合

(c) 电机轴与驱动轴平行   (d) 双电机整体驱动桥式

(e) 直流驱动式电动轮   (f) 带轮边减速器电动轮

图 2-3 各种形式驱动系统的示意图

电动汽车的起动转矩，增加低速时纯电动汽车的后备功率。

（2）电机 - 驱动桥组合式驱动系统

图 2-3b 和图 2-3c 所示驱动系统取消了离合器和变速器，但有减速差速机构，由一台电机驱动两车轮旋转。这种方式的优点是可以继续沿用常规燃油发动机汽车的动力传动装置，只需要增加一组电机和逆变器。这种方式对电机的要求较高，不仅要求电机具有较高的起动转矩，而且要求具有较大的后备功率，以保证纯电动汽车的起动、爬坡和加速超车等动力性能。

（3）电机 - 驱动桥整体式驱动模式

图 2-3d 是将电机装到驱动轴上，直接由电机实现变速和差速转换。这种传动方式同样对电机有较高的要求，需要电机具有较大的起动转矩和后备功率，不仅要求控制系统有较高的控制精度，而且要具备良好的可靠性，从而保证纯电动汽车行驶的安全、平稳。

（4）轮毂电机驱动模式

图 2-3e 和图 2-3f 同图 2-3d 布置方式比较接近，将电机直接安装在驱动轮上，由电机直接驱动车轮行驶。

3）按用途分类

按用途不同，纯电动汽车可以分为纯电动轿车、纯电动货车和纯电动客车三种。

（1）纯电动轿车

纯电动轿车是目前最常见的纯电动汽车，图 2-4 所示是特斯拉 Model X 纯电动轿车。

图 2-4　特斯拉 Model X 纯电动轿车

（2）纯电动货车

用来在公路上运输货物的纯电动货车目前比较少见，图 2-5 所示为江淮纯电动货车。

图 2-5　江淮纯电动货车

（3）纯电动客车

纯电动客车是一种以载客为目的的纯电动汽车。目前，纯电动小型客车比较少见，纯电动大客车多用作公共汽车。图 2-6 所示为比亚迪纯电动公交车。

除上述三种外，还有一种纯电动汽车称为增程式纯电动汽车，它是一种配有外充电和车载供电功能的纯电动汽车。增程式纯电动汽车装载的电池满足日常行车的动力需要，当超过了电池电力供应能力时，由其他动力源为电池组充电继续驱动车轮行驶。电池组可由地面充电桩充电或由车载发动机充电。整车运行模式可根据需要工作于纯电动模式和增程模式。

图 2-6　比亚迪纯电动公交车

　　增程式纯电动汽车的工作模式与插电式混合动力汽车非常相似，两者都可以在纯电动模式下工作，电池组都有外接充电方式和发动机充电方式。增程式纯电动汽车和插电式混合动力汽车的主要区别：插电式混合动力汽车可以用内燃机作为动力源行驶，电力只是补充；而增程式电动汽车动力来源都是电力，车载发动机只起到充电的作用，无法直接驱动汽车行驶。

　　增程式纯电动汽车的典型代表有雪佛兰沃蓝达（图2-7）、北汽 E150（图2-8）等。

图 2-7　雪佛兰沃蓝达

图 2-8　北汽 E150

2. 纯电动汽车的特点

（1）优点

① 无污染，噪声小。纯电动汽车不产生尾气排放污染，对保护环境十分有益，

同时纯电动汽车无内燃机产生的较大噪声，电机噪声较小。

② 能源效率高，多样化。纯电动汽车的能源效率已超过内燃机汽车，特别是在城市运行时。纯电动汽车停止时不消耗电量，在制动过程中，电机可自动转变为发电机，实现制动减速时能量的再利用。

③ 有效缓解石油短缺危机。由于电力可以从多种一次能源获得，如火力、核能、水力、风力、光、热等，改用电力可以解除人们对石油资源日渐枯竭的担心。

④ 提高发电设备经济效益。纯电动汽车还可以充分利用晚间用电低谷时的电力充电，有利于电网均衡负荷，减少费用。

⑤ 结构简单，使用维修方便。纯电动汽车较内燃机汽车结构简单，运转、传动部件少，维修保养工作量小，当采用交流感应电机时，电机无须维护，更重要的是纯电动汽车易于操纵。

正是由于这些优点，近年来纯电动汽车的发展一直是汽车工业上的"热点"。有专家认为，对于纯电动汽车而言，目前最大的障碍就是基础设施建设以及价格过高影响了产业化的进程。与混合动力汽车相比，纯电动汽车更需要基础设施的配套，这需要各家企业联合起来与政府部门一起建设，才会有纯电动汽车大规模推广的机会。

（2）缺点

① 电池技术不够成熟。目前电池单位质量储存的能量少，致使纯电动汽车续航里程不足。

② 整车价格高。纯电动汽车的电池较贵，其成本约占整车价格的 30% ~ 50%，所以纯电动汽车整车价格较高。

③ 目前纯电动汽车的使用成本比普通燃油汽车稍高。这主要是因为电动汽车目前技术尚不完善，尤其是动力电池的使用寿命短。

虽然目前纯电动汽车仍然存在缺点，但我国已经把发展以纯电动汽车为主的新能源汽车作为国家七大战略新兴产业之一，国家政策扶持力度空前，随着纯电动汽车技术的发展，纯电动汽车的问题会逐步得到解决。

▶ 拓展阅读

中国石油消费总量控制和政策研究项目（以下简称油控研究项目）在北京发布《中国传统燃油车退出时间表研究》报告，综合中国汽车业发展及排放目标，对燃油车的退出时间进行了分析，提出中国有望在 2050 年以前实现传统燃油车的全面退出。其中，一线城市私家车将在 2030 年实现全面新能源化。

在 2050 年实现新能源汽车全面替换的预设目标下，该报告进行了区域层级设置，根据中国各个区域经济发展、汽车饱和度、燃油车限购限行、新能源汽车产业布局和推广力度、政府决策与执行力等十大指标，共划分为四个层级。

其中，特大型城市（如北京、上海、深圳等），以及功能性示范区域（如海南、雄安等）为第一层级城市，将率先实现燃油车禁售的目标。

▶ 搜一搜／想一想

　　结合纯电动汽车的优缺点，在考虑综合性价比的条件下，优先考虑购买何种品牌的车？为什么？

2.2 纯电动汽车的结构原理

　　燃油汽车主要由发动机、底盘、车身和电气设备四大部分组成，纯电动汽车与燃油汽车相比，主要增加了电力驱动控制系统，取消了发动机。纯电动汽车电力驱动控制系统的组成与工作原理如图 2-9 所示。它由电力驱动主模块、车载电源模块和辅助模块三大部分组成。所以，沿用传统汽车结构划分方式，也可将纯电动汽车分为电力驱动控制系统、底盘、车身和电气设备四部分。

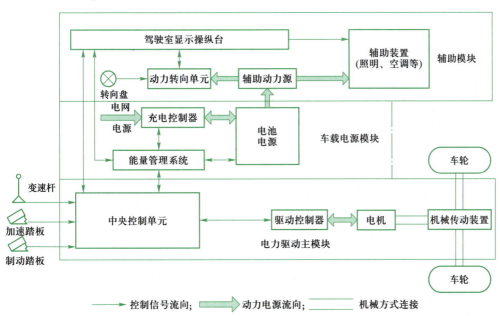

图 2-9　纯电动汽车电力驱动控制系统的组成与工作原理图

1. 电力驱动主模块

　　电力驱动主模块主要包括中央控制单元、驱动控制器、电机、机械传动装置和车轮等。它的功用是将储存在电池中的电能高效地转化为车轮的动能，并能够在汽车减速制动时，将车轮的动能转化为电能充入电池。

　　中央控制单元根据加速踏板和制动踏板的输入信号，向驱动控制器发出相应的控制指令，对电机进行起动、加速、减速、制动控制。

　　驱动控制器按中央控制单元的指令和电机的速度、电流反馈信号，对电机的速度、驱动转矩和旋转方向进行控制。驱动控制器必须和电机配套使用。

　　电机在电动汽车中被要求承担电动和发电的双重功能，即在正常行驶时发挥其主要的电动机功能,将电能转化为机械能;在减速和下坡滑行时又被要求进行发电,将车轮的惯性动能转化为电能。

机械传动装置将电机的驱动转矩传递给汽车的驱动轴,从而带动汽车车轮转动。

2. 车载电源模块

车载电源模块主要包括电池电源、能量管理系统和充电控制器等。它的功用是向电机提供驱动电能、监测电源使用情况以及控制充电机向电池充电。

纯电动汽车的常用电源有铅酸电池、镍镉电池、镍氢电池、锂离子电池等。

纯电动汽车的能量管理主要通过电池管理系统,电池管理系统的主要功用是对电动汽车所用电池单体及整体进行实时监控、充放电、巡检和温度监测等。

充电控制器把交流电转化为相应电压的直流电,并按要求控制其电流。

3. 辅助模块

辅助模块主要包括辅助动力源、动力转向单元、驾驶室显示操纵台和各种辅助装置等。辅助模块除辅助动力源外,依据车型不同而不同。

辅助动力源主要由辅助电源和 DC–DC 功率转换器组成,其功用是供给纯电动汽车其他各种辅助装置所需要的动力电源,一般为 12 V 或 24 V 的直流低压电源,它主要给动力转向、制动力调节控制、照明、空调、电动门窗等各种辅助装置提供所需的能源。

动力转向系统是为实现汽车的转向而设置的,它由转向盘、转向器、转向机构和转向轮等组成。作用在转向盘上的控制力,通过转向器和转向机构使转向轮偏转一定的角度,实现汽车的转向。

驾驶室显示操纵台类似传统汽车驾驶室的仪表盘,不过其功能根据纯电动汽车的控制特点有所增减,其信息指示更多地选用数字或液晶屏幕显示。

辅助装置主要有照明、各种声光信号装置、车载音箱设备、空调、刮水器、风窗除霜清洗器、电动门窗、电控玻璃升降器、电控后视镜调节器、电动座椅调节器、车身安全防护装置控制器等。它们主要是为提高汽车的操控性、舒适性、安全性而设置的,根据需要进行选用。

纯电动汽车由电池的能量使电机驱动车轮前进,其能量流动路线为:电网→电池→能量管理系统→中央控制单元→驱动控制器→电机→机械传动装置→驱动轮。其中,电池提供电流,经过能量管理系统的调节后输送至电力驱动主模块,然后由电机提供转矩,经传动装置驱动车轮实现车辆的行驶。

▶ 拓展阅读

12 月 25 日,北京市小客车指标办公布 2019 年最后一期普通小客车指标配置数据。截至本期,新能源汽车指标总申请人数突破 45 万,按照现行规则测算,新申请者或将排队至 2028 年,而普通车指标中签难度也有可能再次攀升。

经审核,截至 2019 年 12 月 8 日 24 时,普通小客车指标申请个人共有 3 335 437 个有效编码、单位共有 72 036 家,新能源小客车指标申请个人共有 458 673 个有效编码、单位共有 11 263 家。

经北京市公安交通管理局审核确认，2018 年 10 月 26 日中签过期未用个人普通小客车配置指标 49 个，按规定纳入本期个人普通小客车指标配置，因此本期将配置个人普通小客车指标 6 384 个，配置单位普通小客车指标 270 个。

新能源汽车指标方面，按照《关于示范应用新能源小客车配置指标轮候配置有关规则的通告》规定，个人和单位新能源小客车指标年度配额已用尽，审核通过的有效申请编码按照规定将继续轮候配置。按照现行配置规则推算，本期新能源指标新申请者或将轮候 9 年才能获得指标。

▶ 搜一搜 / 想一想

针对目前国家补贴一降再降，你认为这对于新能源汽车市场会造成多大的冲击呢？

2.3　纯电动汽车的主要部件

2.3.1　纯电动汽车的动力电池

1. 纯电动汽车动力电池的分类

纯电动汽车使用的动力电池可以分为化学电池、物理电池和生物电池三大类。

1）化学电池

化学电池是利用物质的化学反应发电的电池。

化学电池按工作性质分为原电池、蓄电池、燃料电池和储备电池。

（1）原电池

原电池又称为一次电池，是指电池放电后不能用简单的充电方法使活性物质复原而继续使用的电池，如锌锰干电池、锂锰电池、锌空气电池、一次锌银电池等。

（2）蓄电池

蓄电池又称为二次电池，是指电池在放电后可通过充电的方法使活性物质复原而继续使用的电池，这种充放电可以达数十次到上千次循环，如铅酸蓄电池、镍镉电池、镍氢电池和锂离子电池等。

（3）燃料电池

燃料电池又称为连续电池，是指参加反应的活性物质从电池外部连续不断地输入电池内部，电池可以连续不断地工作来提供电能的电池，如质子交换膜燃料电池、碱性燃料电池、磷酸燃料电池、熔融碳酸盐燃料电池、固体氧化物燃料电池、直接甲醇燃料电池、再生型燃料电池等。

（4）储备电池

储备电池是指电池正负极与电解质在储存期间不直接接触，使用前注入电解液或者使用其他方法使电解液与正负极接触，此后电池进入待放电状态的电池，如镁电池、热电池等。

化学电池按电解质种类分为酸性电池、碱性电池、中性电池、有机电解质电池、非水无机电解质电池和固体电解质电池等。

化学电池按电池的特性分为高容量电池、密封电池、高功率电池、免维护电池和防爆电池等。

化学电池按正负极材料分为锌锰电池系列，镍镉、镍氢电池系列，铅酸电池系列和锂电池系列等。

2）物理电池

物理电池是利用光、热、物理吸附等物理能量发电的电池，如太阳能电池、超级电容器电池和飞轮电池等。

3）生物电池

生物电池是利用生物化学反应发电的电池，如微生物电池、酶电池、生物太阳能电池等。

2. 纯电动汽车用动力电池的性能指标

动力电池作为纯电动汽车的储能动力源，在纯电动汽车上发挥着非常重要的作用，要评定动力电池的实际效用，主要就是看动力电池的性能指标。动力电池的性能指标主要有电压、容量、内阻、能量、功率、输出效率、自放电率、放电速率和使用寿命等，根据动力电池种类的不同，其性能指标也有差异。

1）电压

动力电池的电压分为端电压、开路电压、额定电压、放电电压和终止电压等。

（1）端电压

动力电池的端电压是指动力电池正极与负极之间的电位差。

（2）开路电压

动力电池在开路状态下的端电压称为开路电压，即动力电池在没有负载情况下的端电压。动力电池的开路电压等于动力电池正极的电极电势与负极的电极电势之差。

（3）电动势

动力电池的电动势等于组成动力电池的两个电极的平衡电位之差。

（4）额定电压

额定电压是动力电池在标准规定条件下工作时应达到的电压。

（5）放电电压

动力电池的工作电压是指动力电池接通负载后在放电过程中显示的电压，又称为放电电压。在动力电池放电初始的工作电压称为初始电压。

（6）终止电压

终止电压是指动力电池在一定标准所规定的放电条件下放电时，动力电池的电压将逐渐降低，当动力电池不宜继续放电时，此时的最低工作电压称为终止电压。当动力电池的电压下降到终止电压后，再继续使用动力电池放电，动力电池的化学

"活性物质"会遭到破坏，从而缩短电池使用寿命。

2）容量

动力电池在一定的放电条件下所能放出的电量称为电池的容量，常用单位为安培小时（A·h），它等于放电电流与放电时间的乘积。动力电池的容量可以分为理论容量、实际容量、标称容量和额定容量等。

（1）理论容量

理论容量是把活性物质的质量按法拉第定律计算而得到的理论最高电量值。为了比较不同系列的电池，常用比容量的概念，即单位体积或单位质量电池的理论电量，单位为 $A·h·L^{-1}$ 或 $A·h·kg^{-1}$。

（2）实际容量

实际容量是指动力电池在一定条件下所能输出的电量。它等于放电电流与放电时间的乘积，单位为 A·h，其值小于理论容量。

（3）标称容量

标称容量用来鉴别动力电池的近似安培小时值。

（4）额定容量

额定容量也叫作保证容量，是按国家或有关部门颁布的标准，保证电流在一定的放电条件下应该放出的最低限度的容量。

（5）荷电状态

荷电状态（SOC）是动力电池在一定放电倍率下，剩余电量与相同条件下额定容量的比值，反映动力电池容量的变化。SOC=1 即表示动力电池处于充满状态。随着动力电池的放电，动力电池的电荷逐渐减少，此时动力电池的充电状态，可以用 SOC 的百分数的相对量来表示动力电池中电荷的变化状态。一般动力电池放电高效率区为 50% ～ 80% SOC。

3）内阻

电流流过动力电池内部会受到阻力，使动力电池电压降低，此阻力称为动力电池内阻。由于内阻的作用，动力电池放电时端电压低于电动势和开路电压，充电时端电压高于电动势和开路电压。

4）能量

动力电池的能量是指在一定标准所规定的放电条件下，动力电池所能输出的电能，单位是 W·h 或 kW·h。它影响纯电动汽车的行驶距离。

（1）理论能量

理论能量是动力电池的理论容量与额定电压的乘积，指一定标准所规定的放电条件下，动力电池所输出的能量。

（2）实际能量

实际能量是动力电池实际容量与平均工作电压的乘积，表示在一般条件下动力电池所能输出的能量。

（3）比能量

比能量是指动力电池单位质量所能输出的电能，单位是 $W·h·kg^{-1}$。常用比能量来比较不同的动力电池系统。

比能量分为理论比能量和实际比能量。理论比能量是指 1 kg 动力电池反应物质完全放电时理论上所能输出的能量，实际比能量是指 1 kg 动力电池反应物质实际所能输出的能量。由于各种因素的影响，动力电池的实际比能量远小于理论比能量。

动力电池的比能量是综合性指标，它反映了动力电池的质量水平。动力电池的比能量影响纯电动汽车的整车质量和续驶里程，是评价纯电动汽车的动力电池是否满足设计的续航里程的重要指标。

（4）能量密度

能量密度是指动力电池单位体积所能输出的电能，单位是 $W \cdot h \cdot L^{-1}$。

5）功率

动力电池的功率是指动力电池在一定标准所规定的放电条件下，单位时间内所输出能量的大小，单位为瓦（W）或千瓦（kW）。电池的功率决定了纯电动汽车的加速性能和爬坡能力。

（1）比功率

单位质量动力电池所能输出的功率称为比功率，单位为 $W \cdot kg^{-1}$ 或 $kW \cdot kg^{-1}$。

（2）功率密度

单位体积动力电池所能输出的功率称为功率密度，单位为 $W \cdot L^{-1}$ 或 $kW \cdot L^{-1}$。

6）输出效率

动力电池作为能量存储器，充电时把电能转化为化学能储存起来，放电时把电能释放出来。在这个可逆的电化学转换过程中，有一定的能量损耗。通常用动力电池的容量效率和能量效率来表示。

（1）容量效率

容量效率是指电池放电时输出的容量与充电时输入的容量之比，即

$$\eta_c = \frac{C_{放}}{C_{充}} \times 100\%$$

（2）能量效率

能量效率也称为电能效率，是指动力电池放电时输出的能量与充电时输入的能量之比，即

$$\eta_w = \frac{W_{放}}{W_{充}} \times 100\%$$

7）自放电率

自放电率是指动力电池在存放期间容量的下降率，即电池无负荷时自身放电使容量损失的速度。自放电率用单位时间容量降低的百分数表示，其表达式为

$$自放电率 = \frac{C_a - C_b}{C_a T} \times 100\%$$

8）放电速率（放电率）

放电速率一般用动力电池放电的时间或放电电流与额定电流的比例来表示。

（1）时率（时间率）

时率是指动力电池以某种电流强度放电，释放完额定容量电量所需的放电时间。汽车用动力电池一般用 20 h 率容量表示。

（2）倍率（电流率）

倍率是指动力电池以某种电流强度放电的数值为额定容量数值的倍数。

9）使用寿命

使用寿命是指动力电池在规定条件下的有效寿命期限。动力电池发生内部短路或损坏而不能使用，以及容量达不到规范要求时动力电池使用失效，这时动力电池达到使用寿命。

动力电池的使用寿命包括使用期限和使用周期。使用期限是指动力电池可供使用的时间，包括电池的存放时间。使用周期是指动力电池可供重复使用的次数。

除此之外，成本也是一个重要的指标。纯电动汽车发展的瓶颈之一就是动力电池价格高。

纯电动汽车对动力电池的要求主要如下。

（1）比能量高

为了提高纯电动汽车的续航里程，要求纯电动汽车上的动力电池储存尽可能多的能量，但纯电动汽车又不能太重，其安装动力电池的空间也有限，这就要求动力电池具有高的比能量。

（2）比功率大

为了能使纯电动汽车在加速行驶、爬坡和负载行驶等方面能与燃油汽车相竞争，就要求动力电池具有高的比功率。

3. 典型的纯电动汽车动力电池

1）铅酸蓄电池

（1）铅酸蓄电池的分类

铅酸蓄电池分为免维护铅酸蓄电池和阀控密封式铅酸蓄电池。

① 免维护铅酸蓄电池。

免维护铅酸蓄电池由于自身结构上的优势，电解液的消耗量非常小，在使用寿命内基本不需要补充蒸馏水。它具有耐振、耐高温、体积小和自放电小的特点。免维护铅酸蓄电池使用寿命一般为普通铅酸蓄电池的两倍。

市场上的免维护铅酸蓄电池也有以下两种。

a. 免维护铅酸蓄电池在购买时一次性加电解液，以后使用不需要添加补充液。

b. 免维护铅酸蓄电池本身出厂时就已经加好电解液并封死，用户不能添加补充液。

② 阀控密封式铅酸蓄电池。

阀控密封式铅酸蓄电池在使用期间不用加酸加水维护，电池为密封结构，不会漏酸，也不会排酸雾，电池盖上设有溢气阀（也叫作安全阀），该阀的作用是当电池内部气体量超过一定值，即当电池内部气压升高到一定值时，溢气阀自动打开，排出气体，然后自动关闭，防止空气进入电池内部。

阀控密封式铅酸蓄电池分为 AGM 电池和 GEL（胶体）电池两种。

a. AGM 电池采用吸附式玻璃纤维棉（Absorbed Glass Mat）作为隔膜，电解液吸附在极板和隔膜中，电池内无流动的电解液，电池可以立放工作，也可以卧放工作。

b. GEL（胶体）电池中 SiO_2 作为凝固剂，电解液吸附在极板和胶体内，一般立放工作。

纯电动汽车使用的动力电池一般是阀控密封式铅酸蓄电池。

（2）铅酸蓄电池的结构

铅酸蓄电池由正负极板、隔板、电解液、溢气阀和壳体等部分组成（图 2-10）。极板是铅酸蓄电池的核心部件，正极板上的活性物质是二氧化铅，负极板上的活性物质是海绵状纯铅。隔板隔离正、负极板，防止短路。多孔物质作为电解液的载体，能够吸收大量的电解液，起到促进离子良好扩散的作用。它还是正极板产生的氧气到达负极板的"通道"，以顺利建立氧循环，减少水的损失。电解液由蒸馏水和纯硫酸按一定的比例配制而成，主要作用是参与电化学反应，是铅酸蓄电池的活性物质之一。电池槽中装入一定密度的电解液后，由于电化学反应，正、负极板间会产生约为 2.1 V 的电动势。溢气阀位于电池顶部，起到安全、密封和防爆等作用。

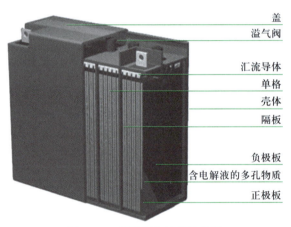

盖
溢气阀
汇流导体
单格
壳体
隔板
负极板
含电解液的多孔物质
正极板

图 2-10　铅酸蓄电池的结构图

（3）铅酸蓄电池的特点

铅酸蓄电池的优点如下。

① 除锂离子电池外，在常用的蓄电池中，铅酸蓄电池的电压最高，为 2.0 V。

② 价格低廉。

③ 可制成小至 1 A·h 大至几千 A·h 的各种尺寸和结构的蓄电池。

④ 高倍率放电性能良好，可用于发动机起动。

⑤ 高低温性能良好，可在 −40 ～ 60℃ 条件下工作。

⑥ 电能效率高达 60%。

⑦ 易于浮充使用，没有"记忆"效应。

⑧ 易于识别 SOC。

铅酸蓄电池的缺点如下。

① 比能量低，在纯电动汽车中质量和体积占比较大，一次充电行驶里程短。

② 使用寿命短，使用成本高。

③ 充电时间长。

④ 铅是重金属，存在污染。

（4）铅酸蓄电池的工作原理

铅酸蓄电池使用时，把化学能转换为电能的过程叫作放电。在放电后，借助于直流电在电池内进行化学反应，把电能转变为化学能而储蓄起来，这种蓄电过程叫作充电。充电时的总反应为

$$2PbSO_4+2H_2O \longrightarrow Pb+PbO_2+2H_2SO_4$$

2）镍氢电池

（1）镍氢电池的发展过程

镍氢电池是 20 世纪 90 年代发展起来的一种新型电池。它的正极活性物质主要由镍制成，负极活性物质主要由储氢合金制成，是一种碱性蓄电池。

镍氢电池具有高比能量、高功率、适合大电流放电、可循环充放电、无污染的特点，被誉为"绿色电源"。

松下 EV 电池公司早在 1997 年就开始生产混合动力汽车用的圆形 6.5 A·h 的镍氢电池组，其质量比功率为 600 W·kg^{-1}。

三洋电机株式会社生产的圆柱形 5.5 A·h 的镍氢电池组，质量比功率为 1 000 W·kg^{-1}。2001 年为福特 Escape 所使用，后来为本田 Accord 所使用。

美国的 Cobasys 公司的电池技术源于世界著名的镍氢电池研究单位 Ovonic 公司。该公司开发了容量为 12 ～ 60 A·h 的一系列高功率镍氢电池。质量比功率达到 550 ～ 600 W·kg^{-1}，体积比功率达到 1 200 ～ 1 400 W·L^{-1}，峰值比功率可达 1 000 W·kg^{-1}，比能量在 50 ～ 70 W·h·kg^{-1}，使用温度在 60℃时能量效率仍保持在 80% ～ 90%，充电功率也超过 500 W·kg^{-1}。

我国镍氢电池的技术正日趋成熟。在动力镍氢电池方面，我国也有很多单位一直从事混合动力汽车用镍氢电池的研究，中科院上海微系统与信息技术研究所长期从事镍氢电池及相关材料的研究和开发，北京有色金属研究总院、中山电池公司、湖南神舟科技、春兰集团、鞍山三普等单位均从不同角度做过大量积极有益的工作，取得了很大的进展。

（2）镍氢电池的分类与结构

① 镍氢电池的分类。

按照外形，镍氢电池可以分为方形镍氢电池和圆形镍氢电池。

② 镍氢电池的结构。

镍氢电池主要由正极、负极、极板、隔板和电解液等组成。镍氢电池正极是活性物质氢氧化镍，负极是储氢合金，用氢氧化钾作为电解质，在正负极之间有隔膜，以上共同组成镍氢单体电池。镍氢单体电池在金属铂的催化作用下，完成充电和放电的可逆反应。

（3）镍氢电池的特点

与铅酸蓄电池相比，镍氢电池具有比能量高、质量轻、体积小、循环寿命长、

比功率高、循环次数多、无污染、耐过充过放、无记忆效应、使用温度范围宽、防短路、抗挤压、抗针刺、防跌落、耐加热、耐振动等优点。

（4）镍氢电池的工作原理（图 2-11）

镍氢电池是将物质的化学反应产生的能量直接转化成电能的一种装置。镍氢电池由镍氢化合物正电极、储氢合金负电极以及碱性电解液（比如 30% 的氢氧化钾溶液）组成。密封一次镍氢电池的性能特点主要取决于本身体系的电极反应。

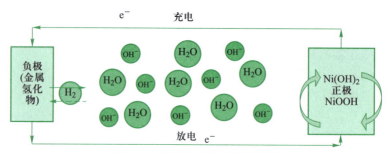

图 2-11   镍氢电池的工作原理图

充电时正、负极的电化学反应为

$$Ni(OH)_2-e^-+OH^- \longrightarrow NiOOH+H_2O$$

放电时正、负极的电化学反应为

$$NiOOH+H_2O+e^- \longrightarrow Ni(OH)_2+OH^-$$

$$2M+H_2 \longrightarrow 2MH+2e$$

（5）镍氢电池的充放电特性

镍氢电池的充放电特性可以通过对电池进行不同倍率的充放电试验获得。通常电池在一定电流下进行充电和放电时都是使用曲线来表示电池的端电压和温度随时间的变化，这些曲线称为电池的特性曲线。

一般充放电电流的大小常用充放电倍率来表示，即充放电倍率 = 充放电电流 / 额定容量。例如，额定容量为 100 A·h 的电池用 20 A 放电时，其放电倍率为 0.2 C。

① 镍氢电池的充电特性。

在充电起始阶段，电池端电压迅速上升，随着时间的延长，电池电压上升减缓，电池的容量与电池的端电压有一定的对应关系，如图 2-12 所示。

电池在高温情况下充电，虽然充电时间较长，但充电效率下降，导致放电容量减少，如图 2-13 所示。

② 镍氢电池的放电特性。

随着放电的进行，总的趋势是随着放电时间的增加电池的端电压不断下降。放电电流越大电池所能放出的电量越小，电池的端电压越低，如图 2-14 所示。

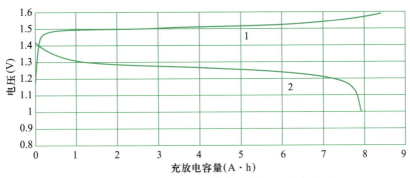

曲线1—5C充电8.4 A·h；曲线2—常温0.5C放电至1.0 V

图2-12 镍氢电池在5℃充电特性图

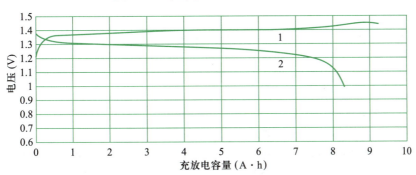

曲线1—高温(45℃)1C充电9.24 A·h；曲线2—常温0.5C放电至1.0 V

图2-13 镍氢电池在45℃充电特性图

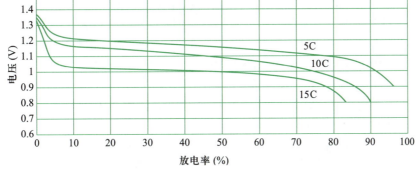

图2-14 镍氢电池放电特性图

虽然常温下充电延长了充电时间，但在低温情况下，电池放电容量将会下降，如图2-15所示。

3）锂离子电池

（1）定义

锂离子电池是指以 Li^+（锂离子）嵌入化合物作为正、负极活性物质的二次电池。正极活性物质：一般采用锂金属氧化物，如 $LiCoO_2$、$LiNiO_2$、$LiMn_2O_4$ 和 $LiFePO_4$ 等；负极活性物质：一般采用碳材料；电解液溶有锂盐，如 $LiPF_6$、$LiClO_4$、$LiAsF_6$ 和 $LiBF_4$ 等有机溶液。

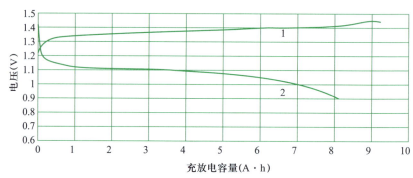

曲线 1— 常温 0.5C 充电 9.24 A·h，曲线 2— 低温（–18℃）1C 放电至 0.9 V

图 2–15　镍氢电池 –18℃放电特性图

（2）分类

锂离子电池按电解液的状态一般分为液态锂离子电池、聚合物锂离子电池和全固态锂离子电池。

锂离子电池按电池的外形一般分为圆柱形锂离子电池和方形锂离子电池两种，聚合物锂离子电池可根据需要制成任意形状。

（3）命名方法

锂离子电池的型号一般由英文字母和阿拉伯数字组成。

① 第一个字母表示电池采用的负极体系：字母 I 表示采用具有嵌入特性负极锂离子电池体系，字母 L 表示金属锂负极体系或锂合金负极体系。

② 第二个字母表示电极活性物质中占有最大质量比例的正极体系。字母 C 表示钴基正极，字母 N 表示镍基正极，字母 M 表示锰基正极，字母 V 表示钒基正极。

③ 第三个字母表示电池形状，字母 R 表示圆柱形电池，字母 P 表示方形电池。

④ 圆柱形锂离子电池在三个字母后用两位阿拉伯数字表示电池的直径，单位：mm，取整数。三个字母和两位阿拉伯数后用 3 位阿拉伯数字表示电池高度，单位：mm×10，取整数。当上述两个尺寸中至少有一个尺寸大于或等于 100 mm 时，在表示直径的数字和高度的数字之间添加分隔符号"/"，同时该尺寸数字的位数相应增加。例：ICR18650（特斯拉 Model s 专用，如图 2–16 所示）、ICR20700（特斯拉 Model 3 专用，如图 2–17 所示）。

图 2–16　特斯拉 Model s 锂电池单元　　　图 2–17　特斯拉 Model 3 锂电池单元

⑤ 方形锂离子电池在三个字母后用两位阿拉伯数字表示电池的厚度，单位：mm，取整数。在三个字母和两位阿拉伯数字后再用两位阿拉伯数字表示电池的宽度，单位：mm，取整数。最后又用两位阿拉伯数字表示电池的高度，单位：mm，取整数。当电池的上述三个尺寸中至少有一个尺寸大于或等于100 mm 时，在表示厚度、宽度和高度的数字之间添加分隔符号"/"，同时该尺寸数字的位数相应增加。当电池的上述三个尺寸中至少有一个尺寸小于1 mm 时，用 mm×10 取整数表示该尺寸，并在整数前添加字母 t。例：603443，如图 2–18 所示。

$$\underline{60}\ \underline{34}\ \underline{4.3}$$

长：60mm
宽：34mm
厚：4.3mm

图 2–18　方形锂离子电池

（4）锂离子电池的工作原理

以层状石墨为负极、$LiMn_2O_4$ 为正极的锂离子电池体系为例来说明锂离子电池的电流反应：

正极反应：$LiCoO_2 \xrightarrow[\text{放电}]{\text{充电}} Li_{1-x}CoO_2 + xLi^+ + xe^-$

负极反应：$C + xLi^+ + xe^- \xrightarrow[\text{放电}]{\text{充电}} CLi_x$

电池反应：$LiCoO_2 + C \xrightarrow[\text{放电}]{\text{充电}} Li_{1-x}CoO_2 + CLi_x$

锂离子电池实际上是 Li^+ 的浓差电池，充电时，Li^+ 从正极材料脱嵌，通过电解质（液）迁移到负极，并嵌入石墨的层状结构中，此时负极处于富锂状态，正极处于贫锂状态；放电时反应过程相反。

锂离子电池在充放电过程中，Li^+ 在正、负两极间嵌入和脱嵌，因此锂离子电池也被称为"摇椅电池"。

（5）锂离子电池的特点

① 比能量高，锂离子电池质量比能量达 $120\,W\cdot h\cdot kg^{-1}$，体积比能量达 $300\,W\cdot h\cdot dm^3$。

② 平均放电电压高，锂离子电池的平均放电电压为 3.7 V 左右，是镉镍电池和氢镍电池的 3 倍。

③ 自放电率低，锂离子电池在正常存放情况下的月自放电率小于 10%。

④ 无记忆效应。

⑤ 充放电安时效率高，锂离子电池充放电安时效率一般在 99% 左右。

⑥ 循环寿命长，锂离子电池在 100% DOD 下，充放电可达 800 周。

⑦ 工作温度范围宽，锂离子电池的工作温度范围一般为 –20 ～ 45℃。

⑧ 对环境友好，锂离子电池被称为"绿色电池"。

（6）锂离子电池的主要原材料

一种好的正极材料应具备以下条件。

① 根据法拉第定律，嵌入反应具有大的吉布斯自由能，可以使正负极之间保持较大电位差，提供高的电池电压。

② 在一定范围内，锂离子嵌入反应的吉布斯自由能（ΔG）改变量小，即锂离子嵌入量大且电极电位对嵌入量的依赖性小，以便保证锂离子电池工作电压平稳。

③ 正极材料需具有大孔径隧道结构，锂离子在隧道中有较大的扩散系数和迁移系数，保证锂离子有大的扩散速率。

④ 正极材料需具有良好的电子导电性，以便保证锂离子电池具有最大的工作电流。

⑤ 脱嵌锂离子过程中，正极材料具有较小的体积变化，以保证良好的可逆性，同时提高循环性能。

⑥ 在电解液中溶解度很小，对电解液具有良好的热稳定性，以保证电池工作的安全性。

⑦ 储存性能好，有利于实际应用。

在锂离子电池中用作正极材料的是一种可以和锂生成嵌入化合物的过渡金属氧化物。目前锂离子电池所采用的正极材料主要是钴酸锂（$LiCoO_2$）、镍酸锂（$LiNiO_2$）、锰酸锂（$LiMn_2O_4$）和磷酸铁锂（$LiFePO_4$），这几种锂离子电池正极材料容量和能量参数的比较见表 2-1。

表 2-1　锂离子电池正极材料容量和能量参数比较表

正极材料	理论容量 / ($A \cdot h \cdot kg^{-1}$)	实际容量 / ($A \cdot h \cdot kg^{-1}$)	理论比能量 / ($W \cdot h \cdot kg^{-1}$)	实际比能量 / ($W \cdot h \cdot kg^{-1}$)	理论密度 / ($g \cdot cm^{-3}$)
$LiCoO_2$	273	140	1 037	532	5.1
$LiNiO_2$	274	170	1 013	629	4.8
$LiMn_2O_4$	148	110	259	440	4.2
$LiFePO_4$	170	140	578	476	3.6

锂离子电池性能好的关键在于找到能可逆嵌入和脱嵌锂离子的负极材料，这类材料应满足以下条件。

① 锂离子在负极的活度要接近纯锂的活度，这关系到电池是否具有较高的开路电压。

② 电化学当量要低，这样才能有尽可能大的比容量。

③ 锂离子在负极中的扩散系数要足够大，可以高倍率放电。

④ 锂离子在负极中嵌入和脱嵌过程中，电位变化要小（极化小）。

⑤ 碳材料在热力学稳定的同时与电解液的匹配性要好。

⑥ 成本低，易制备，无公害。

负极材料目前研究的种类有很多，如锡基负极材料、锂过渡金属氮化物，表面改性锂金属、锂钛氧化物等。但用于生产商品化的只有碳材料，主要有天然石墨和人造石墨。

（7）锂离子电池隔膜

锂离子电池隔膜需要使用耐有机溶剂的隔膜材料，一般选用高强度薄膜化的聚烯烃多孔膜，如聚乙烯（PE）、聚丙烯（PP）及 PP/PE/PP 复合膜等。

隔膜的制造方法主要有两种：湿法工艺（热致相分离法）和干法工艺（熔融拉伸法），干法工艺相对简单且生产过程中无污染，但隔膜的孔径、孔隙率较难控制，横向强度较差，复合膜的厚度不易做薄，采用此法生产的企业有日本的宇部和美国 Celgard。

湿法工艺的优点是可以较好地控制孔径、孔隙率，可制备较薄的隔膜，隔膜的性能优异适用于大容量高倍率放电的锂离子电池；缺点是工艺复杂，生产费用相对较高，目前采用此法生产隔膜的有日本旭化成、东燃（Tonen）以及美国 Entak 等。

（8）电解液

锂离子电解液对正极来说能耐 4.5 V 左右的氧化，对负极则是能不能在较高的电位下，还原形成致密、稳定的钝化膜，这就要求电解液组分尽可能具有较高的标准还原电极电位和大的交换电流密度。

电解液一般由二元以上溶剂、电解质锂盐和添加剂混合而成。

（9）黏结剂与溶剂

锂离子电池在电极制造过程中，最常用的黏结剂是 PVDF（聚偏二氟乙烯），即 VF_2（偏二氟乙烯）的均聚物和共聚物。主要性能指标中，熔点：(175 ± 5)℃；黏度：与溶剂按比例配制溶液（1∶10）时的黏度为 (315 ± 10) cP；结晶度：$25\%\pm5\%$。

PVDF 最佳溶剂是 NMP（N– 甲基吡咯烷酮），在 35℃时 PVDF 在 NMP 中的溶解度大于 100%。

（10）导电剂

根据不同的活性物质的导电率的高低，都应适当添加导电剂，以提高电极导电能力，满足电池性能的要求。对锂离子电池来说导电剂的种类主要有两种：一是导电炭黑，二是鳞片石墨。

4. 纯电动汽车动力电池管理系统（BMS）

1）动力电池管理系统概述

纯电动汽车用蓄电池由电池包组成，各电池包在使用的过程中会存在电压不均衡，这是由蓄电池的基本属性决定的，如图 2-19 所示。

从图中可知：超过平均电压概率：37.3%（发生过充电）。

低于平均电压概率：48%（发生亏电）。

等于平均电压概率：14.7%（即额定充电电压充电）。

锂离子电池充放电效率可高达 98% 以上，高效率的同时产生了极差的抗不均衡性。所以需要动力电池管理系统对电池包的电压进行有效监测与控制。

图 2-19   蓄电池电压不均衡图

2）动力电池管理系统的功能

（1）SOC（电池荷电状态）/SOH（电池健康状态）估计

SOC 是电池的荷电状态，用来反映电池的剩余电量，通常用百分比表示。动力电池管理系统根据采样的电流、温度和电压等数据，进行 SOC 估算和分析，并上传至整车控制单元。SOH 表征电池的健康状态（如内阻、功率值、使用时间等），同样需要根据电压、温度、电流等数据进行估算和判断。

（2）电池容量控制

控制电池容量在合理的范围内，如图 2-20 所示。

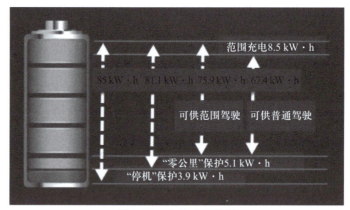

图 2-20   电池功率控制

（3）故障诊断

动力电池管理系统的故障诊断首先要确定动力电池管理系统能够在上电后正常运行。因此，在动力电池管理系统内部设计一个蜂鸣器，由车载 24 V 电源供电，默认状态为接通，并且由动力电池管理系统来控制电源的通断。上电后，若动力电池管理系统工作正常，则输出控制命令，断开蜂鸣器的电源，蜂鸣器不响。若动力电池管理系统不能正常工作，无法输出断开蜂鸣器电源的命令，则蜂鸣器常响，数码管显示"00"，表示 BMS 不能正常工作，需要检修。在后续的诊断中，如果有其他故障，动力电池管理系统就会接通蜂鸣器电源，产生故障报警，并且由数码管显示对应的故障代码。

（4）电量均衡

当各电池包出现电量不均衡时，动力电池管理系统需要自动调节，如图 2-21 所示。

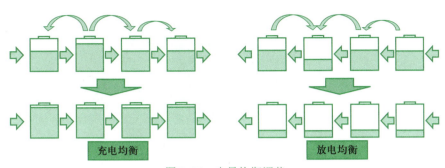

图 2-21   电量均衡调节

（5）温度控制

因温度对于电池性能的影响较大，理想的电池工作温度在 30℃ 左右，所以在冷起动时需要加热电池（图 2-22），而在行进中需要对电池进行散热（图 2-23）。

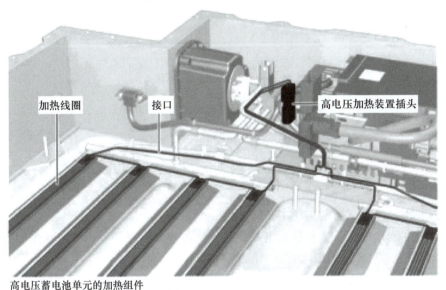

图 2-22   电池加热系统

图 2-23   电池散热系统

（6）继电器控制

电池管理系统利用继电器小电流控制大电流的原理，对于电路进行有效监控，如图 2-24 所示。

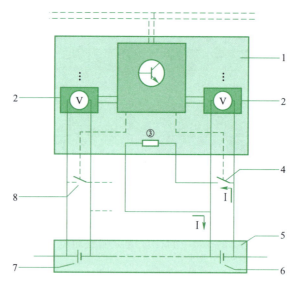

电路原理图：电池电压平衡

索引	说明
1	电池监控电子装置
2	用于测量电池电压的传感器
3	放电电阻
4	用于某个电池放电的闭合(启用)触点
5	电池模块
6	通过放电使电池电压下降的电池
7	未放电的电池
8	用于某个电池放电的断开(未启用)触点

图 2-24　继电器控制

3）动力电池管理系统的构成

动力电池管理系统主要包括电线线路管理、热（温度）管理和电压平衡控制，图 2-25 所示为两种动力电池管理系统的架构图。

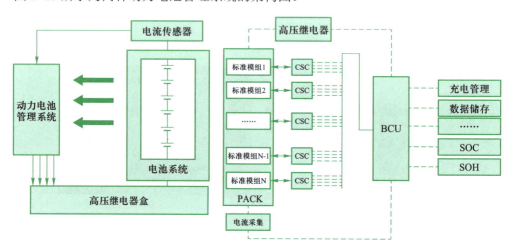

(a) 集中式管理系统架构　　　　(b) 分布式管理系统架构

图 2-25　两种动力电池管理系统的架构图

2.3.2 纯电动汽车电机

1. 纯电动汽车电机的基础知识

（1）电机的定义

电机（Motors）是把电能转换成机械能的一种设备。它是利用通电绕组（也就是定子绕组）产生旋转磁场并作用于转子鼠笼式闭合铝框形成磁电动力旋转转矩。

电机主要由定子与转子组成，通电导线在磁场中受力运动的方向与电流方向和磁感线（磁场方向）方向有关。电机工作原理是磁场对通过电流的导线产生力的作用，使电机转动。

（2）负载性质

负载性质是指负载类型及其机械特性，是连续运行的负载还是断续运行的负载，是恒定的力矩，还是变化的力矩，是恒定转速运行还是变速运行。

（3）负载容量

负载容量根据电机功率和转矩的大小而确定，电机功率应满足配套机械负载所需，不可过大也不可以过小。功率选得过大，不能充分发挥电机的效率，增加投资费用和运行费用，浪费电力；功率选得过小，会使电机超负荷工作，电机发热，绝缘寿命缩短。

2. 纯电动汽车用电机的分类

纯电动汽车用电机是将电能转换为机械能的装置，可分为直流电机、交流异步电机、永磁同步电机及开关磁阻电机。

目前这四种常用电机的性能比较见表2-2。

表2-2 常用电机的性能比较

比较项	直流电机	交流异步电机	永磁同步电机	开关磁阻电机
功率密度	低	中	高	较高
功率因数 /%	—	82～85	90～93	60～65
峰值效率 /%	85～89	90～95	95～97	80～90
负荷效率 /%	80～87	90～92	85～97	78～86
过载能力 /%	200	300～500	300	300～500
转速范围 /（r·min^{-1}）	4 000～6 000	12 000～15 000	4 000～15 000	＞15 000
恒功率区	—	1：5	1：2.25	1：3
过载系数	2	3～5	3	3～5
可靠性	中	较高	高	较高
结构坚固性	低	高	较高	高
体积	大	中	小	小
重量	重	中	轻	轻
调速控制性能	很好	中	好	好
电机成本	低	中	高	中
控制器成本	低	高	高	中

3. 电机的特点

① 电机工况变化频繁。

② 电机在冲击和振动的环境下工作。

③ 车载电源能量有限。

④ 电机本身也是负载。

对纯电动汽车用电机的要求如下：

① 高比功率。

② 高效率。

③ 高可靠性。

④ 高电压。

⑤ 高电气系统安全性。

4. 直流电机

1）直流电机的结构

直流电机主要由机座、转子、主磁极、换向磁极、换向器、电刷、端盖和风扇等组成，如图2-26所示。其构造简图如图2-27所示。其中静止部分叫作定子，转动部分叫作电枢或转子。

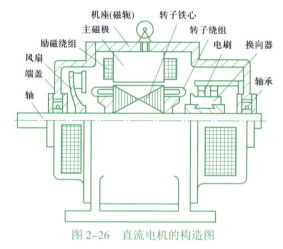

图2-26　直流电机的构造图

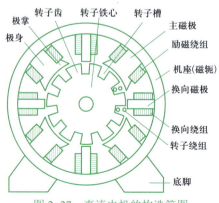

图2-27　直流电机的构造简图

（1）定子

直流电机定子在定子和转子间的气隙中建立磁场，主要由铁心（图 2-28）和绕组（图 2-29）组成。

图 2-28 直流电机定子铁心

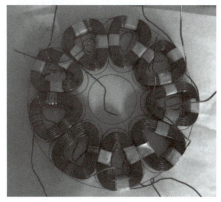

图 2-29 直流电机定子绕组

另外磁极的个数一般为 4 个（2 对），4 个磁场绕组的连接方法有两种。一种是 4 个磁场绕组相互串联（图 2-30），另一种是两串两并，即先将两个磁场绕组串联后再并联（图 2-31）。

图 2-30 磁场绕组串联

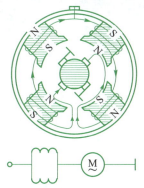

图 2-31 磁场绕组先串联后并联

（2）转子

直流电机转子也称为电枢，由转子铁心和转子绕组组成，如图 2-32 所示。

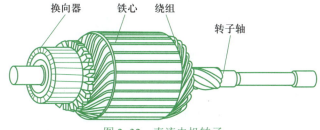

图 2-32 直流电机转子

①转子铁心：转子铁心由厚度为 0.35～0.5 mm 的硅钢片叠装而成。

②转子绕组：通电后产生电磁转矩，转矩带动转子绕组运动。

（3）换向器

换向器是由多层紧压在一起的铜片构成的一个圆筒，片与片之间用一层薄云母绝缘，转子绕组与换向器按一定规律连接。换向器与转轴固定在一起，且相互绝缘，如图 2-33 所示。

换向器的作用是使转子绕组中的电流及时换向，将从电刷输入的直流电转换为转子绕组的交流电。

（4）电刷与电刷架

电刷与电刷架的作用是将电流引入转子，使转子连续转动。电刷装在电刷架上，电刷由铜粉与石墨粉压制而成，呈棕红色，借弹簧压力将它压紧在换向器上。正极电刷架与端盖绝缘地固定在一起，负极电刷架直接搭铁（外壳搭铁），如图 2-34 所示。

图 2-33　换向器

图 2-34　电刷及电刷架

（5）端盖

端盖分为前、后两个。后端盖一般用钢板压制而成，其上装有四个电刷架，前端盖用铸铁浇铸而成，它们分别装在壳体的两端，如图 2-35 所示。

图 2-35　端盖及壳体

机壳由钢管制成，一端开有窗口，作为观察电刷和换向器之用，平时用防尘箍盖住。机壳上只有一个电流输入接线柱（与外壳绝缘），并在内部与磁场绕组的一端相接。

2）直流电机的基本原理

直流电机利用磁场的相互作用将电能转化成机械能。

通过电刷和换向器的共同作用，使同磁极下的导体中流过的电流方向不变，导体受力方向不变，进而产生方向恒定的电磁转矩，使电机连续转动，如图 2-36 所示。

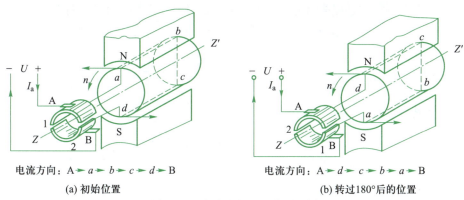

电流方向：A ▶ *a* ▶ *b* ▶ *c* ▶ *d* ▶ B　　　　　电流方向：A ▶ *d* ▶ *c* ▶ *b* ▶ *a* ▶ B

(a) 初始位置　　　　　　　　　　　　(b) 转过180°后的位置

图 2-36　直流电机的工作原理图

3）直流电机的励磁方式

根据不同的励磁方式，直流电机可分为他励直流电机、并励直流电机、串励直流电机和复励直流电机。

（1）他励直流电机

他励直流电机励磁绕组与转子绕组由不同的直流电源供电，两者不连接，如图 2-37 所示。

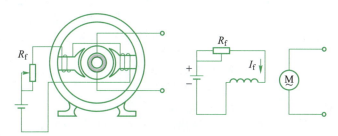

图 2-37　他励直流电机的工作原理图

（2）并励直流电机

并励直流电机励磁绕组与转子绕组并联，励磁绕组与转子绕组共用一个电源，转子电压即是励磁电压，如图 2-38 所示。

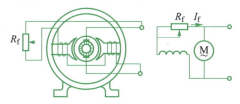

图 2-38　并励直流电机的工作原理图

（3）串励直流电机

串励直流电机励磁绕组与转子绕组串联，励磁绕组与转子绕组共用一个电源，转子电流即励磁电流，如图 2-39 所示。

（4）复励直流电机

复励直流电机的励磁绕组分成两部分，一部分与转子绕组并联，称为并励绕组；另一部分与转子绕组串联，称为串励绕组。复励直流电机的工作原理如图 2-40 所示。

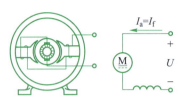 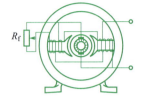 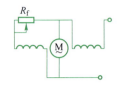

图 2-39   串励直流电机的工作原理图　　　图 2-40   复励直流电机的工作原理图

四种不同励磁方式的特点及应用比较见表 2-3。

表 2-3   四种不同励磁方式的特点及应用比较

类型	接线方式	特点特性	在汽车上的应用
他励直流电机	励磁绕组独立	他励电机在运行时若负载较小，会造成"飞车"事故	汽车上较少使用
并励直流电机	励磁绕组与转子绕组并联	不能产生高转矩，故不能用它作为起动机的电机。输出转矩不随转速升高而下降	常用作减速型电机（刮水器电机、电动车窗电机、电动座椅电机）
串励直流电机	励磁绕组与转子绕组串联	起动转矩大，输出转矩随着电机转速升高而下降。轻载时转速高，重载时转速低。短时间能输出最大功率。适用于负载转矩经常大幅变化的负载。不允许空载或轻载起动	用于大多数直接驱动式起动机
复励直流电机	励磁绕组的一部分与转子绕组串联，另一部分与转子绕组并联	空载时与并励直流电机相似。加载后与串励直流电机相似。可以防止轻载时转速过高造成"飞车"。可以克服单独并励式或单独串励式电机的缺点	大功率起重机

4）直流电机的特点

（1）直流电机的优点

与交流电机、无刷直流电机及开关磁阻电机相比，直流电机的优点如下。

① 调速性能好。

② 起动性能好。

③ 具有较宽的恒功率范围。

④ 控制较为简单。

⑤ 价格便宜。

（2）直流电机的缺点

直流电机的主要缺点如下。

① 效率低。

② 维护工作量大。

③ 转速低。

④ 质量和体积大。

5）直流电机的控制

（1）转子电压调节法

① 改变转子电压来控制电机的转速。

② 适用于额定转速以下的调速。

③ 降低电压→降低转子电流→降低电磁转矩→降低转子转速。

（2）磁场调节法

① 通过调节励磁绕组励磁电流，改变磁通量来调节电机的转速。

② 适用于额定转速以上的转速控制。

6）直流电机的应用

直流电机主要应用在城市无轨电车、电动叉车、电动观光车及电动巡逻车等上。

5. 交流异步电机

1）交流异步电机的结构

交流异步电机主要由机座、端盖、转子、定子、风扇和风罩等组成，如图 2-41 所示，拆解图如图 2-42 所示。

图 2-41 交流异步电机的结构图

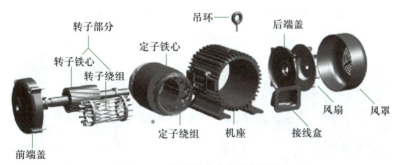

图 2-42 交流异步电机的拆解图

（1）定子

交流异步电机定子主要由外壳、定子铁心和定子绕组构成，如图 2-43 所示。

① 定子铁心：硅钢片，0.35～0.5 mm 厚，叠压而成。

② 定子绕组：三相绕组，互相间隔120°，对称排列，结构完全相同，其绕组的六个出线端都接至接线盒上，首端分别标为 U_1、V_1、W_1，末端分别标为 U_2、V_2、W_2。这六个出线端在接线盒里的排列如图2-44所示，可以接成星形（Y 形）或三角形。

定子的作用是产生旋转磁场。

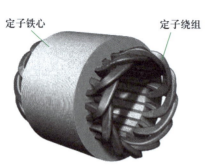

图 2-43　交流异步电机定子

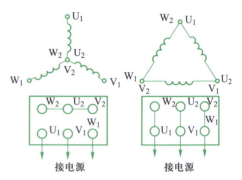

图 2-44　接线方式

（2）转子

交流异步电机转子按照形状可分为绕线形与笼形两种，对应的电机分别称为绕线异步感应电机与笼形异步感应电机。

① 绕线异步感应电机转子。绕线异步感应电机转子（图2-45）使用 0.5 mm 厚的硅钢片叠压而成，套在转轴上，作用与定子铁心相同，一方面作为电机磁路的一部分，另一方面用来安放转子绕组。绕线异步感应电机转子与定子绕组一样，也是有一个三相绕组，一般结成星形，三相引出线分别接到转轴上的三个与转轴绝缘的集电环上，通过电刷装置与外电路相连，这就有可能在转子电路中串接电阻，以改善电机的运行性能，如图2-45所示。

② 笼形异步感应电机转子。笼形异步感应电机转子如图2-46所示，在转子铁心的每一个槽中插入一根铜条，在铜条两端各用一个铜环把铜条连接起来，称为铜排转子；也可用浇铸的方法，把转子导条和端环风扇叶片用铝液一次性浇铸而成，称为铸铝转子。通常 100 kV 以下的异步电机一般采用铸铝转子。

绕线式转子

图 2-45　绕线异步感应电机转子

图 2-46　笼形异步感应电机转子

2）交流异步电机的工作原理

电流变化一个周期，合成磁场在空间也旋转一周，电流继续变化，磁场也不断地旋转。三相交流异步电机通过定子绕组所产生的合成磁场是随电流的交变而在空间旋转的磁场。这种旋转磁场与蹄形磁铁在空间旋转所起的作用是相同的。

在交流异步电机中，定子绕组通过依次相差 120°相位角的三相交流电时，将产生旋转磁场，该旋转磁场在转子绕组中产生感应电动势，因为绕组是闭合回路，所以将产生感应电流，有电流的绕组导体在旋转磁场中产生电磁力，对转轴形成电磁转矩，带动转轴转动，如图 2-47 所示。

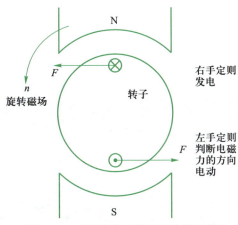

图 2-47　交流异步电机的工作原理图

3）交流异步电机的特点

（1）优点

① 效率较高。

② 结构简单、体积较小、质量轻。

③ 工作可靠、使用寿命长。

④ 免维护。

（2）缺点

① 调速性能相对较差。

② 配用的控制器成本较高。

4）交流异步电机的控制

（1）矢量控制

① 模拟直流电机。

② 矢量控制理论完善，日趋成熟，可基本满足纯电动汽车的动力性要求。

（2）直接转矩控制

① 对磁场和转矩直接控制。

② 简化了控制结构，动态响应快。

③ 低速时，存在转矩脉动，负载能力下降。

5）交流异步电机在纯电动汽车上的应用

交流异步电机主要应用在大功率、低速车辆，尤其是驱动系统功率需求较大的大型电动客车，如广汽 GZ6120EV1、金龙 XMQ6126YE 和申沃 SWB6121EV2 等。

6. 永磁同步电机

1）永磁同步电机的结构

与交流异步电机类似，永磁同步电机也主要由机座、转子、定子和散热风扇等组成，如图 2-48 所示，其在雪铁龙上的应用如图 2-49 所示。

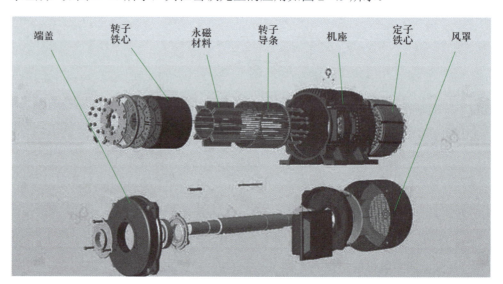

图 2-48　永磁同步电机的结构图

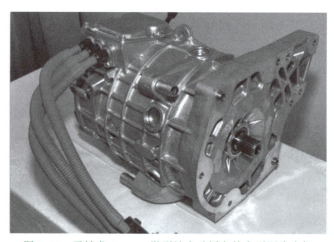

图 2-49　雪铁龙 C-Zero 微型纯电动轿车的永磁同步电机

（1）定子

永磁同步电机定子由铁心和三相绕组组成，与交流异步电机相似，参见图 2-43。其作用是通入交流电源产生旋转磁场。

（2）转子

永磁同步电机转子（图2-50）采用永久磁铁作为磁极，在旋转磁场的作用下，转子将跟随旋转磁场同步旋转，旋转磁场的速度取决于电源频率。与三相交流电机的同步电机类似，永磁无刷电机可以产生理想的恒转矩。

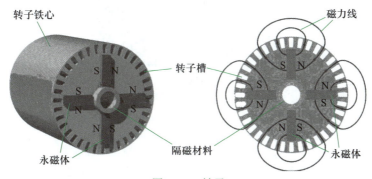

图 2-50　转子

2）永磁同步电机的工作原理

如图 2-51 所示，永磁同步电机的工作原理与交流异步电机基本相同，归纳起来是这样的路线：定子绕组输入三相正弦交流电→产生旋转磁场→与永磁转子磁场相互作用→转子产生转矩→转子随定子的旋转磁场转动（即转子与旋转磁场同步转动）。

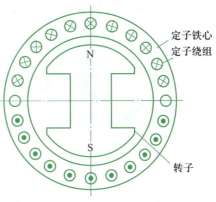

图 2-51　永磁同步电机的工作原理图

3）永磁同步电机的特点

（1）优点

① 可在很低的转速下同步运行，调速范围宽。

② 效率高、功率密度大。

③ 瞬态特性通常都比较好。

④ 具有良好的机械特性。

⑤ 结构多样化。

（2）缺点

永磁同步电机与交流异步电机相比，成本高、起动困难。

4）永磁同步电机的控制

① 矢量控制。

② 直接转矩控制。

③ 恒压频比开环控制。

7. 开关磁阻电机

1）开关磁阻电机的结构

开关磁阻电机主要由定子、转子等组成，如图 2-52 所示。

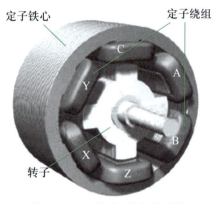

图 2-52 开关磁阻电机的结构

（1）定子

如图 2-53 所示，开关磁阻电机定子由定子铁心和定子绕组组成，其定子的凸极个数为偶数，最少 6 个，最多 18 个。

图 2-53 开关磁阻电机定子

（2）转子

如图 2-54 所示，开关磁阻电机转子由导磁性能良好的硅钢片叠压而成，转子凸极上无绕组。转子的凸极个数为偶数，最少 4 个（2 对），最多 16 个（8 对）。

图 2-54 开关磁阻电机转子

2）开关磁阻电机的工作原理

开关磁阻电机的工作原理如图 2-55 所示。

① 定子绕组按照 D → A → B → C 的顺序通电，转子逆着励磁顺序以逆时针方向连续旋转。

② 若按 B → A → D → C 的顺序通电，则转子会沿着顺时针方向转动。

3）开关磁阻电机的特点

① 再生制动能力较强，在高速运行区域内能保持较强的制动能力。

② 电机驱动系统散热性好，功率密度大，减少了电机的体积和质量，增加了纯电动汽车的有效空间。

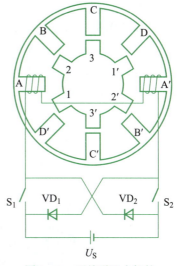

图 2-55 开关磁阻电机的
工作原理

③ 能在很宽的功率和转速范围内保持高效率，有效提高了纯电动汽车一次充电的续航里程。

④ 控制特性良好，便于智能化。

⑤ 结构简单，成本低，制造工艺简单。

⑥ 可控参数多，调速性能好，适于频繁起动、停止及正反转运行。

4）开关磁阻电机的控制

电机的运行不是单纯的发电或电动过程，而是将两者有机结合在一起的控制过程。其控制方法如下。

① 角度控制法（APC）：电压保持不变，对开通角和关断角进行控制。不适合低速工况。

② 电流斩波控制法（CCC）：开通角和关断角不变，靠控制斩波电流的大小调节电流的峰值。

③ 电压控制法（VC）：在主开关的控制信号中加入 PWM（脉冲宽度调制）信号，调节占空比来调节绕组端电压大小，从而改变相电流值。

5）开关磁阻电机在纯电动汽车上的应用

① 转子没有绕组和永磁体，结构是四种电机中最坚固的。

② 制造简单，成本低，散热特性较好。

③ 效率比直流电机和交流电机高，可在较宽的功率和转速范围内高效率运行，符合纯电动汽车驱动的要求。

④ 工作时会产生较大的噪声和振动。

⑤ 目前没有产业化车型使用这种电机，其应用领域处在不断拓展中。

8. 轮毂电机

轮毂电机又称为车轮内装式电机，它将电机、传动系统和制动系统融为一体，是纯电动汽车的最终驱动形式，可采用永磁无刷、直流无刷、开关磁阻等电机类型。

1）轮毂电机的结构

轮毂电机动力系统通常由电机、减速机构、制动器与散热系统等组成。按照电机的转子形式主要分为外转子型（图 2-56）和内转子型（图 2-57）两种结构。通常，外转子型采用低速外转子电机，电机的最高转速在 1 000 ～ 1 500 r/min，无任何减速装置，电机的外转子与车轮的轮毂固定或者集成在一起，车轮的轮速与电机相同。外转子型的优点是结构简单、轴向尺寸小，能在很宽的速度范围内控制转矩，响应速度快，没有减速机构，效率高。而缺点是要获得较大的转矩，必须增大电机的体积和质量，成本高。

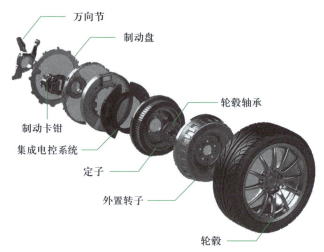

图 2-56   外转子型轮毂电机

如图 2-57 所示，内转子型采用高速内转子电机，同时装备固定传动比的减速器，为了获得较高的功率密度，电机的转速通常高达 10 000 r/min。减速机构通常采用传动比在 10 ∶ 1 左右的行星齿轮减速装置，车轮的转速在 1 000 r/min 左右。内转子型的优点是比功率较高、质量轻、体积小、噪声小、成本低等。其缺点是必须采用减速装置，使用效率低，非簧载质量大，最高转速受线圈损耗、摩擦损耗及变速机构的承受能力等限制。

图 2-57   内转子型轮毂电机

2）轮毂电机的特点

（1）优点

① 具有更方便的底盘布置，更灵活的供电系统。

② 具有更好的汽车底盘主动控制性能。

③ 具有最优的驱动力分配。

（2）缺点

① 增大了非簧载质量。

② 制动能力有限，仍需液压制动系统。

3）轮毂电机的驱动方式

（1）减速驱动

① 电机在高速下运行，选用高速内转子式电机。

② 减速机构安装在电机和车轮之间，可减速和增矩。

③ 适用于丘陵或山区以及要求过载能力大和需要频繁起动 / 停车的场景。

（2）直接驱动

① 多采用外转子式电机。

② 适用于平路或负荷较小的场景。

2.3.3　电机控制器（MCU）

如图 2-58 所示，汽车电机控制器（MCU）由 DSP 电机控制板、IGBT 驱动电路板、IGBT 模块、控制电源和散热系统组成。DSP 电机控制板的功能是：接收整车控制器的指令并反馈信息，检测电机系统内的传感器信息，根据指令及传感器信息产生逆变器开关信号。IGBT 驱动电路板用于接收 DSP 的开关信号并反馈相关信息，放大开关信号并驱动 IGBT，提供电压隔离和保护功能。控制电源为 DSP 提供电源，为驱动电路提供多路相互隔离的电源。散热系统为电力电子模块散热，为控制器组件安装提供支撑，为控制器提供环境保护。

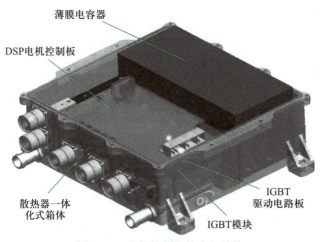

图 2-58　电机控制器的内部结构

▶ 拓展阅读

近日，工业和信息化部就《新能源汽车产业发展规划（2021—2035 年）》（征求意见稿）公开征求意见。征求意见稿提出，2021 年起，国家生态文明试验区、大气污染防治重点区域公共领域新增或更新用车全部使用新能源汽车。制定将新能源汽车研发投入纳入国有企业考核体系的具体办法。加快完善适应智能网联汽车发展要求的道路交通、事故责任、数据使用等政策法规。

根据征求意见稿指出，截止到 2025 年，新能源汽车新车销量占比达到 25% 左右，智能网联汽车新车销量占比达到 30%，高度自动驾驶智能网联汽车实现限定区域和特定场景商业化应用。具体到技术路线层面，将形成以纯电动汽车、插电式混合动力（含增程式）汽车、燃料电池汽车为主导的研发布局。同时，将重点提高氢燃料制储运经济性，推进加氢基础设施建设。

其中，征求意见稿将遵循市场主导、创新驱动、协调推进、开放发展的基本原则。其中协调推进方面重点强调了促进新能源汽车与能源、交通、信息通信等的深度融合，要将我国集中力量办大事的制度优势和超大规模的市场优势转化为产业优势。

另外，征求意见稿重点明晰了未来 15 年的产业发展路线，即以纯电动汽车、插电式混合动力（含增程式）汽车、燃料电池汽车为"三纵"，布局整车技术创新链。以动力电池与管理系统、驱动电子与电力电子、网联化与智能化技术为"三横"，构建关键零部件技术供应体系，进而形成"三纵三横"的研发布局。

具体来说，就是要在强化整车集成技术创新的同时，在关键零部件技术上进行突破。在征求意见稿中，提及了三大新能源汽车的核心技术攻关工程，包括实施电池技术突破行动、实施智能网络技术创新工程和实施新能源汽车基础技术提升工程。到 2025 年，纯电动乘用车新车平均电耗降至每 100 km 12.0 kW·h，插电式混合动力（含增程式）乘用车新车平均油耗降至每 100 km 2.0 L。

▶ 搜一搜／想一想

根据工信部发布的征求意见稿，考虑即将到来的 5G 时代与智能网联的关系。

2.4　北汽新能源纯电动汽车主要部件

2.4.1　北汽新能源 EV160 纯电动汽车动力电池系统

1. 动力电池系统简介

北汽新能源 EV160 纯电动汽车动力电池包布置在整车地板下面，位置如图 2-59 所示。

图 2-59　动力电池包的位置

图 2-60 所示为磷酸铁锂电池实物图，适配北汽新能源 EV160 纯电动汽车，型号是 C30DB-SK。表 2-4 所示为该款高压蓄电池具体参数。

图 2-60　磷酸铁锂电池实物图

表 2-4　高压蓄电池具体参数

项目	PPST-25.6 kW·h
零部件号	E00008417
额定电压	320 V
电芯容量	80 A·h
额定能量	25.6 kW·h
连接方式	1P100 S
总质量	295 kg
总体积	240 L
工作电压范围	250～365 V
能量密度	86（W·h）·kg^{-1}

2. 动力电池系统的组成

动力电池系统主要由动力电池模组（图2-61），动力电池管理系统、动力电池箱和辅助元器件等组成，动力电池系统平面示意图如图2-62所示。

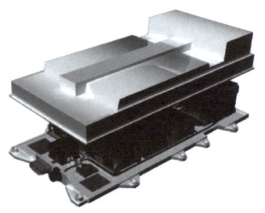

图 2-61　动力电池模组

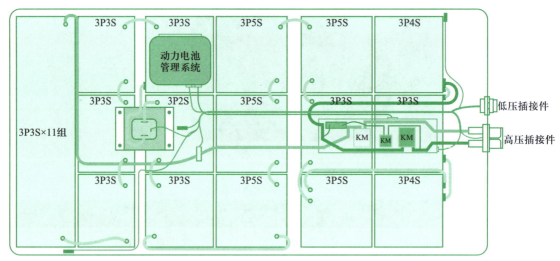

3个温度传感器,4根电压检测线(V1、V2、V3、绝缘监控),1个电流传感器,
3个直流接触器,1个预充电电阻,电芯电压/均衡采集线若干,检修开关1个

图 2-62　动力电池系统平面示意图

动力电池模组放置在一个密封的动力电池箱里面，动力电池管理系统通过可靠的高压插接件与高压控制盒相连，然后输出的直流电由电机控制器转变为三相交流高压电，驱动电机工作；动力电池管理系统实时采集各电芯的电压、各温度传感器的温度值、动力电池系统的总电压值和总电流值等数据，实时监控动力电池的工作状态，并通过 CAN 线与 VCU（整车控制器）或充电机之间进行通信，对动力电池系统充放电等进行综合管理。图 2-63 和图 2-64 所示为高压电池组主要组成部件。

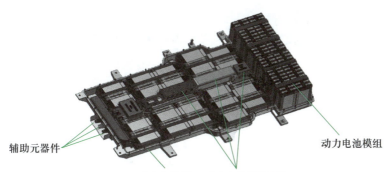

辅助元器件
动力电池箱   动力电池管理系统
动力电池模组

图 2-63   高压电池组主要组成部件

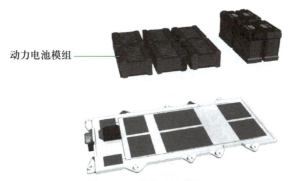

动力电池模组

图 2-64   动力电池模组

1）动力电池模组

（1）动力电池单体

动力电池单体是构成动力电池的最小单元，一般由正极、负极、电解质及外壳等构成，可实现电能与化学能之间的直接转换。

（2）动力电池模块

动力电池模块是一组并联的动力电池单体的组合，该组合额定电压与电池单体的额定电压相等，是动力电池单体在物理结构和电路上连接起来的最小分组，可作为一个单元替换。

（3）动力电池模组

动力电池模组由多个动力电池模块或动力电池单体串联组成的一个组合体。

2）动力电池管理系统

（1）动力电池管理系统的作用

动力电池管理系统是动力电池保护和管理的核心部件，在动力电池管理系统中，它的作用就相当于大脑对人体的作用。它不仅要保证动力电池安全可靠地使用，而且要充分发挥动力电池的能力和延长动力电池使用寿命，作为动力电池和整车控制器以及驾驶人沟通的桥梁，通过控制接触器控制动力电池的充放电，并向整车控制器上报动力电池管理系统的基本参数及故障信息。

（2）动力电池管理系统具备的功能

动力电池管理系统通过电压、电流及温度检测等功能实现对动力电池系统的过电压、欠电压、过电流、过高温和过低温保护、继电器控制、SOC 估算、充放电管理、均衡控制、故障报警及处理、与其他控制器通信等功能；此外，动力电池管理系统还具有高压回路绝缘检测功能，以及加热功能。

3）动力电池箱

（1）动力电池箱

动力电池箱（图 2-65）是支撑、固定、包围电池系统的组件，主要包括上盖和下托盘，还有辅助元器件，如过渡件、护板和螺栓等。动力电池箱有承载及保护动力电池及电气元件的作用。

（2）技术要求

动力电池箱通过螺栓连接在车身地板下方，其防护等级为 IP67。防护等级多以字母 IP 后接两个数字来表述，数字用来明确防护的等级。第一位数字表明设备抗微尘的范围，或者是人们在密封环境中免受危害的程度，代表防止固体异物进入的等级，最高级别是 6；第二位数字表明设备防水的程度，代表防止进水的等级，最高级别是 8。

动力电池箱螺栓拧紧力矩为 80 ～ 100 N·m。整车维护时需观察动力电池箱螺栓是否有松动，动力电池箱是否有破损严重变形，密封法兰是否完整，确保动力电池可以正常工作。

（3）外观要求

动力电池箱外表面颜色要求为银灰色或黑色，亚光；动力电池箱表面不得有划痕、尖角、飞边、焊缝及残余油迹等外观缺陷，焊接处必须打磨圆滑。

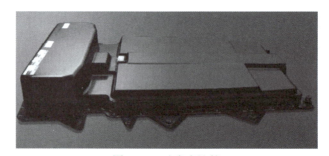

图 2-65　动力电池箱

4）辅助元器件

辅助元器件（图 2-66）主要包括动力电池系统内部的电子电气元件，如熔断器、继电器、分流器、接插件、紧急开关和烟雾传感器等，以及维修开关和电子电气元件以外的辅助元器件，如密封条、绝缘材料等。

接触器位于线束和继电器模块内，用于控制高电压的通断。当接触器闭合时，高电压自动力电池输出到车辆动力系统，接触器断开后，高电压保存在动力电池组。

图 2-66　辅助元器件

2.4.2　北汽新能源 EV200 纯电动汽车驱动电机系统

驱动电机系统是纯电动汽车三大核心系统之一，是车辆行驶的主要驱动系统，其特性决定了车辆的主要性能指标，直接影响车辆的动力性、经济性和用户驾乘感受。本书以北汽新能源 EV200 车型所采用的驱动电机系统为例介绍相关技术。

1. 驱动电机系统的组成

驱动电机系统由驱动电机、电机控制器（MCU）组成，通过高低压线束、冷却管路与整车其他系统连接，如图 2-67 所示。

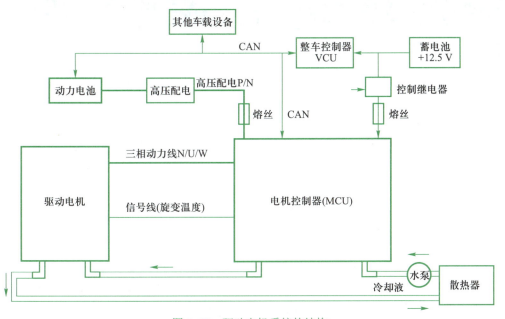

图 2-67　驱动电机系统的结构

整车控制器根据加速踏板、制动踏板、挡位等信号通过 CAN 网络向电机控制器发送指令，实时调节驱动电机的转矩输出，以实现整车的怠速、加速和能量回收等功能。电机控制器能对自身温度、驱动电机的运行温度和转子位置进行实时监测，并把相关信息传递给整车控制器，进而调节水泵和冷却风扇工作，使驱动电机保持在理想温度下工作。驱动电机技术指标参数见表 2-5，驱动电机控制器技术参数见表 2-6。

表 2-5　驱动电机技术指标参数

类型	永磁同步电机
基速	2 812 r/min
转速范围	0 ～ 9 000 r/min
额定功率	30 kW
峰值功率	53 kW
额定转矩	102 N·m
峰值转矩	180 N·m（相当于 2.0 L 排量的汽油机）
质量	45 kg

表 2-6　驱动电机控制器技术参数

技术指标	技术参数
直流输入电压	336 V
工作电压范围	265 ～ 410 V
控制电源	12 V
控制电源电压范围	9 ～ 16 V（所有控制器具有低压电路控制）
标称容量	85 kV·A
质量	9 kg

1）驱动电机

永磁同步电机是一种典型的驱动电机（图 2-68），具有效率高、体积小和可靠性高等优点，是动力系统的执行机构，是电能转化为机械能的载体。它依靠内置旋转变压器、温度传感器来提供电机的工作状态信息（图 2-69），并将电机运行状态信息实时发送给电机控制器。

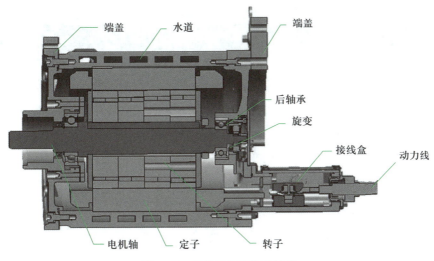

图 2-68 永磁同步电机的结构

图 2-69 驱动电机传感器

旋转变压器检测驱动电机转子位置，经过电机控制器内旋变解码器解码后，电机控制器可获知驱动电机当前转子的位置，从而控制相应的 IGBT 功率管导通，按顺序给定子三个线圈通电，驱动电机旋转。温度传感器的作用是检测驱动电机绕组温度，并提供信息给电机控制器，再由电机控制器通过 CAN 线传送给整车控制器，进而控制水泵工作、水路循环、冷却风扇工作，调节驱动电机工作温度。

驱动电机上有一个低压接口和三根高压线（U、V、W）接口，如图 2-70 所示。

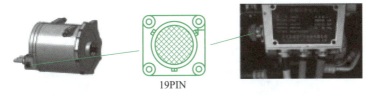

19PIN

图 2-70 驱动电机接口

其中低压接口各端子定义见表 2-7，电机控制器也正是通过低压端口获取的驱动电机温度信息和驱动电机转子当前位置信息。

表 2-7　驱动电机低压接口各端子定义

插接器型号	编号	信号名称	说明
Amphenol RTOW01419 PN03	A	励磁绕组 R_1	电机旋转变压器接口
	B	励磁绕组 R_2	
	C	余弦绕组 S_1	
	D	余弦绕组 S_3	
	E	正弦绕组 S_2	
	F	正弦绕组 S_4	
	G	TH0	电机温度传感器接口
	H	TL0	
	L	$HVIL_1$（$+L_1$）	高低压互锁接口
	M	$HVIL_2$（$+L_2$）	

2）电机控制器

电机控制器的结构如图 2-71 所示。它内部采用三相两电平电压源型逆变器，是驱动电机系统的控制核心，称为智能功率模块，它以 IGBT（绝缘栅双极型晶体管）为核心，辅以驱动集成电路、主控集成电路。电机控制器对所有的输入信号进行处理，并将驱动电机控制系统运行状态信息通过 CAN2.0 网络发送给整车控制器。驱动电机控制器内含故障诊断电路，当驱动电机出现异常时，达到一定条件后，它将会激活一个错误代码并发送给整车控制器，同时也会储存该故障码和相关数据。驱动电机控制器主要依靠电流传感器（图 2-72）、电压传感器、温度传感器进行驱动电机运行状态的监测，根据相应参数进行电压、电流的调整控制以及其他控制功能的完成。电流传感器用于检测驱动电机工作实际电流，包括母线电流、三相交流电流。电压传感器用于检测供给电机控制器工作的实际电压，包括动力电池电压、12 V 蓄电池电压。温度传感器用于检测驱动电机控制系统的工作温度，包括 IGBT 模块的温度。电机控制器上分为低压接口和高压接口（图 2-73），低压接口端子定义见表 2-8。

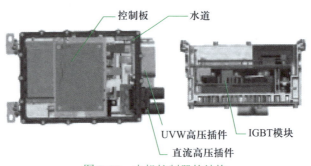

图 2-71　电机控制器的结构

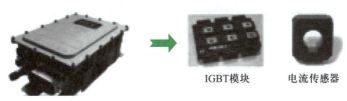

IGBT模块　　　电流传感器

图 2-72　电流传感器

35PIN 低压插件

直流高压

壳体水道

U、V、W 交流输出

图 2-73　驱动电机控制器接口

表 2-8　电机控制器低压接口端子定义

插接器型号	编号	信号名称	说明
AMP 35 针 C-776163-1	12	励磁绕组 R_1	电机旋转变压器接口
	11	励磁绕组 R_2	
	35	余弦绕组 S_1	
	34	余弦绕组 S_3	
	23	正弦绕组 S_2	
	22	正弦绕组 S_4	
	33	屏蔽层	—
	24	12 V_GND	控制电源接口
	1	12 V+	—
	32	CAN_H	CAN 总线接口
	31	CAN_L	
	30	CAN_PB	
	29	CAN_SHIELD	
	10	TH	电机温度传感器接口
	9	TL	
	28	屏蔽层	
	8	485+	RS485 总线接口
	7	485−	
	15	$HVIL_1$ $(+L_1)$	高低压互锁接口
	26	$HVIL_2$ $(+L_2)$	

2. 驱动电机系统的功能

通过驱动电机工作状态可以了解纯电动汽车驱动系统的功能，主要包括挂 D 挡加速行驶时、减速制动时、挂 R 挡倒车时以及 E 挡行驶时驱动电机系统的工作状态。

1）D 挡加速行驶

驾驶人挂 D 挡并踩下加速踏板，此时挡位信息和加速信息通过信号线传递给整车控制器，整车控制器把驾驶人的操作意图通过 CAN 线传递给电机控制器，再由电机控制器结合旋变传感器信息（转子位置），进而向永磁同步电机的定子通入三相交流电，三相交流电经过定子绕组的电阻产生电压降。由三相交流电产生的旋转转子磁动势及建立的转子磁场，一方面切割定子绕组，并在定子绕组中产生感应电动势；另一方面以电磁力拖动转子，以同步转速正向旋转。

随着加速踏板行程不断加大，电机控制器控制的六个 IGBT 导通频率上升，驱动电机的转矩随着电流的增加而增加，因此，起步时基本拥有最大的转矩。随着驱动电机转速的增加，驱动电机的功率也增加，同时电压也随之增高。在纯电动汽车上，一般要求驱动电机的输出功率保持恒定，即驱动电机的输出功率不随转速的增加而变化，这要求在驱动电机转速增加时，电压保持恒定，其中永磁同步电机输出特性曲线如图 2-74 所示。

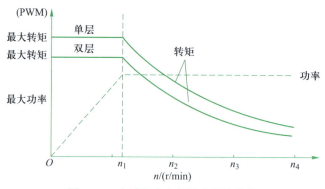

图 2-74　永磁同步电机输出特性曲线

与此同时，电机控制器也会通过电流传感器和电压传感器，感知驱动电机当前功率、电流大小、电压大小，并把这些信息数据通过 CAN 网络传送给仪表、整车控制器，其具体工作原理图如图 2-75 所示。

2）R 挡倒车时

当驾驶人挂 R 挡时，驾驶人请求信号传送给整车控制器，再通过 CAN 线传送给电机控制器，此时电机控制器结合当前转子位置（旋变传感器）信息，通过改变 IGBT 模块 W/V/U 通电顺序，进而控制驱动电机反转。

3）制动时能量回收

驾驶人松开加速踏板时，驱动电机由于惯性仍在旋转，设车轮转速为 $V_{轮}$、驱动电机转速为 $V_{电机}$，设车轮与驱动电机之间固定传动比为 K，当车辆减速时，$V_{轮}K <$

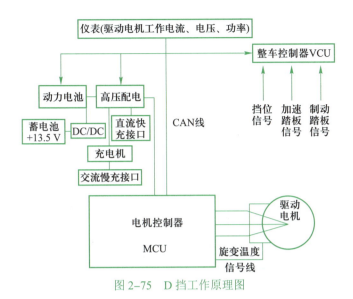

图 2-75 D 挡工作原理图

$V_{电机}$时，驱动电机仍是动力源，随着驱动电机转速下降，当 $V_{轮}K > V_{电机}$时，此时驱动电机由于被车辆拖动而旋转，此时驱动电机变为发电机（图 2-76）。

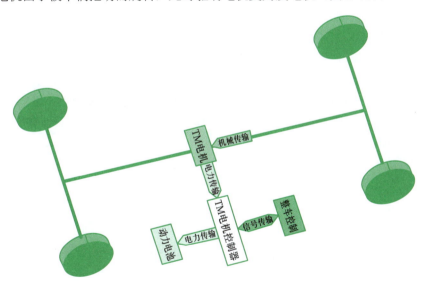

图 2-76 驱动电机变为发电机

动力电池管理系统可以根据电池充电特性曲线（充电电流、电压变化与电池容量的关系）和采集电池温度等参数计算出相应的允许最大充电电流。电机控制器根据动力电池允许最大充电电流，通过控制 IGBT 模块，使"发电机"定子线圈旋转磁场角速度与驱动电机转子角速度保持到发电电流不超过允许最大充电电流，以调整发电机向蓄电池充电的电流，同时这也控制了车辆的减速度，具体过程如图 2-77 所示。

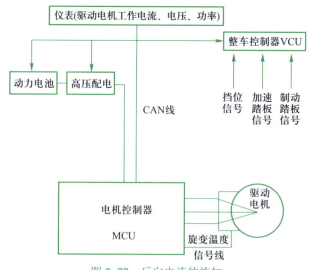

图 2-77　反向电流的施加

当踩下制动踏板时，电机控制器输出的电流频率会急剧下降，馈能电流在电机控制器的调节下充入动力电池，当 IGBT 全部关闭时，在当前的反拖速度和模式下为最大馈能状态，此时电机控制器对"发电机"没有实施速度和电流的调整，"发电机"所发出的电量全部转移给动力电池，由于"发电机"负载较大，此时车辆减速也较快。在此期间能量回收的原则如下。

① 动力电池温度低于 5℃时，能量不回收。

② 当动力电池单体电压在 4.05 ～ 4.12 V 范围内时，能量回收 6.1 kW；当单体电压超过 4.12 V 时，能量不回收；当单体电压低于 4.05 V 时，能量满反馈。

③ 当 SOC 大于 95%、车速低于 30 km/h 时，没有能量回收功能，且能量回收及辅助制动力大小与车速和制动踏板行程有关。

4）E 挡行驶时

E 挡为能量回收挡，在车辆正常行驶时，E 挡与 D 挡的根本区别在于电机控制器和整车控制器内部程序、控制策略不同。在加速行驶时 E 挡相对于 D 挡来说提速较为平缓，动力电池放电电流也较为平缓，目的是尽可能节省电量，以延长行驶距离，而 D 挡提速较为灵敏，响应较快。在松开加速踏板时，E 挡更注重于能量回收，驱动电机被车轮反拖发电时所需的"机械能"牵制了车辆的滑行，从而也起到了一定的制动效果，所以 E 挡行驶时车辆的滑行距离比 D 挡短。

▶ 拓展阅读

纯电动汽车是综合性高科技产品，除了动力电池、驱动电机外，车体本身也包含很多高新技术，有些技术实现节能比提高电池储能能力还易于实现。车体采用轻质材料，如镁、铝、优质钢材及复合材料，可优化结构，使汽车自身质量减轻30% ～ 50%；采用高滞弹性材料制成的高气压子午线轮胎，可使汽车的滚动阻力减小 50%；汽车车身特别是汽车底部更加流线型，可使汽车的空气阻力减小 50%。

在安全保护系统方面，动力电池具有高压直流电，必须设置安全保护系统，确保乘员、驾驶人和维修人员的安全。动力电池管理系统必须配备故障自诊断系统和故障报警系统，在电气系统发生故障时自动控制纯电动汽车不能起动，防止事故的发生。

▶ 搜一搜 / 想一想

当你走向北汽新能源纯电动汽车维修车间时，打开北汽新能源 EV160 或者 EV200 纯电动汽车前机舱盖，你能正确说出里面那些部件的名称与功能吗？

2.5 典型纯电动汽车简介

近年来，全球纯电动汽车市场规模日益扩大，纯电动汽车产销量均有明显提升。

2016 年全球电动汽车（包括纯电动汽车和插电式混合动力车）销量继续增加，超过了 75 万辆，创造了新的历史纪录。95% 的销售主要发生在少数几个国家，包括中国、美国、日本、加拿大、挪威、英国、法国、德国、荷兰以及瑞典。全球电动汽车保有量达到 200 万辆，较 2015 年增加 60%。同时，私人和公共的电动汽车充电设施数量也在不断增长。2016 年，公共电动汽车充电设施的年增长率为 72%。

从国际能源署的预测中可知，从 2020 年开始，传统燃油汽车的市场份额开始出现下降趋势，新能源汽车（如纯电动汽车）在未来市场份额呈持续扩大的趋势。

在国家倡导绿色环保生态建设的同时，汽车行业也在不断创新改革，挖掘可再生新能源，纯电动汽车被视为实现环保的重要举措，汽车行业中的大多数企业都在着手研发生产纯电动汽车，纯电动汽车的三电（动力电池、驱动电机、整车电控）核心技术瓶颈逐渐突破，纯电动汽车品牌数量逐步增加。

1. 特斯拉 Model S

特斯拉 Model S（图 2-78）是一款由特斯拉公司制造的全尺寸高性能纯电动轿车，外观造型方面，该车定位为一款四门 Coupe 车型，车身线条动感时尚。

图 2-78 特斯拉 Model S 的外观

Model S 搭载特斯拉独有的纯电动动力总成，其性能表现十分出色，0 ～ 100 km/h 加速最快仅需 3.0 s。Model S 的安全性能主要得益于独特的电子传动系统。该系统位于车辆铝制驾驶室底部，并封装于单独壳体内。这一独特的布置，用可以吸收冲击力的硼钢轨取代了笨重的发动机缸体，降低了汽车重心，从而提高操控性能，最大程度降低翻车风险。当遭遇侧面碰撞时，经钢轨加固的铝柱可有效减少侵入，从而保护驾驶室和电池组，同时提高车顶强度。发生事故时，6 个安全气囊会保护前排和后排乘员，电池系统会自动切断主电源。

2. 特斯拉 Model X

特斯拉 Model X（图 2-79）是一款高性能、安全、智能的全尺寸 SUV，标配全轮驱动，以及可提供 489 km 续航里程的 90 kW·h 电池。Model X 拥有宽敞的驾乘空间和储物空间，足以容纳 7 位成人及其随行装备。启动 Ludicrous 狂暴模式后，百公里加速仅需 3.4 s。

图 2-79　特斯拉 Model X 的外观

Model X 的电池组位于车辆底部，这使 Model X 的重心比同类 SUV 更低，可减少 50% 的侧翻风险。独特的电池结构有助于 Model X 抵御侧面碰撞时的变形侵入。由于没有燃油发动机，前机舱可在正面碰撞时充当缓冲区，有效吸收撞击能量。Model X 通过摄像头、雷达和声呐系统持续监视周围路面情况，为驾驶人提供实时路况反馈，最大限度避免事故的发生，即使在高速行驶时，Model X 也会于紧急情况下自动制动。

3. 腾势（DENZA）

腾势是深圳比亚迪戴姆勒新技术有限公司（以下简称合资公司）推出的致力于新能源的汽车品牌。合资公司是由中国新能源汽车企业比亚迪与德国豪华车制造企业戴姆勒共同设立的合资企业，于 2010 年正式成立，总部设在深圳。

腾势纯电动汽车（图 2-80）搭载的最大功率达 86 kW 的纯电机，0 ～ 50 km/h 加速仅需 4.3 s，车辆最高车速可达 150 km/h，最大转矩可达 290 N·m。

新一代腾势的三电系统在提升整车安全性方面更进一步，全面升级全系车型的安全性能。除具备 6 ～ 8 个安全气囊、低速行人警告提醒系统、ESC/ESP 系统等常规主被动安全配置外，腾势还具备了一系列先进电动安全科技。

腾势基于德国戴姆勒卓越的工艺标准，结合比亚迪全球领先的电池技术，让动力电池从安全与效率全方位达到欧洲标准，为整车提供稳定持久的动力支持。

图 2-80　腾势（DENZA）的外观

4. 比亚迪 E6

比亚迪 E6（图 2-81）是一款纯电动四驱轿车，是比亚迪继 F3DM 之后再次打造的第二款新能源车型。比亚迪 E6 属于跨界车型，外观融合了 SUV 和 MPV 的特点，整体时尚大气。

比亚迪 E6 配置 6 个安全气囊、通风盘式制动器，右前轮盲区可视、彩显倒车影像，电磁辐射符合安全标准，8 重防电、碰撞自动断电（动力电），经严苛的全天候测试，确保各种情况下用车安全。

比亚迪 E6 最大的亮点是采用电力驱动，其动力电池和起动电池均采用比亚迪自主研发生产的 ET-POWER 铁电池，不会对环境造成任何危害，其含有的所有化学物质均可在自然界中被环境以无害的方式分解吸收，能够很好地解决二次回收等环保问题，是绿色环保的电池。

图 2-81　比亚迪 E6 的外观

比亚迪 E6 动力强劲，最大功率为 90 kW，最大转矩为 450 N·m，最高车速可达 140 km/h 以上。不开空调情况下，综合工况续航里程最长达 300 ～ 400 km，产生的费用只相当于燃油车的 1/4。

5. 比亚迪秦 EV300

秦 EV300 纯电动汽车（图 2-82）延续了混动版的秦的外观设计。"一字回勾"的前照灯，酷似秦时代兵器的双色轮毂，以及尾部标志性的"秦"字，都在表达着中国的传统文化。前部进气格栅改换成了封闭式，并增加了蓝色装饰和快慢充电插口。

图 2-82　秦 EV300 的外观

秦 EV300 配备的是一套纯电动系统，电机的最大功率为 160 kW，最大转矩为 310 N·m，官方百公里加速 7.9 s，动力性能较强。它使用的是比亚迪自主研发的磷酸铁锂电池，电池组质保 6 年或 15 万 km。秦 EV300 续航里程达到 300 km。

6. 华泰新能源 XEV260

华泰新能源 XEV260（图 2-83）是纯电动 SUV，采用永磁同步电机，最大功率为 80 kW，最大转矩为 220 N·m，最高转速可达 9 000 r/min，最高车速高于 130 km/h。

图 2-83　华泰新能源 XEV260 的外观

在动力电池安全性能方面，华泰也是经过了严苛的测验。不论是环境温度 –10℃下，还是夏天极热和极湿的环境中（包括车辆静止 12 h 情况下），动力电池都保持较高的稳定性，完全可以消除消费者对严酷环境下动力电池性能弱化的顾虑。而华泰 XEV260 采用 PTC 加热模块，无论冬天、夏天都具有良好的环境适应性，且充电时间短，1 h SOC（蓄电池荷电状态）从 0 充到 80%。华泰 XEV260 的动力电池箱体放置在底盘下部，通过底盘及悬架系统的重新设计，使整车的通过性及安全性都得到相应的提高，动力电池组性能也得到了提升。配备 49.9 kW·h 电池蓄电量可以使综合工况续航里程达 266 km、等速续航里程达 332 km。

7. 江淮 iEV6S 纯电动汽车

江淮 iEV6S 纯电动汽车（图 2-84）是江淮旗下首款纯电动 SUV，与 iEV5 采用相同的第二代平台打造，进一步推动江淮在新能源产品线的布局。

图 2-84 江淮 iEV6S 纯电动汽车的外观

江淮 iEV6S 纯电动汽车在前脸采用了发散式的网状设计，取代了传统进气格栅，内饰方面采用了黑白双色的配色方案，三幅式转向盘与黑白座椅的搭配，更加凸显了运动感。

江淮 iEV6S 采用了一套纯电动系统，由电机和 18650 型锂电池组成，官方称新车可在 11 h 内完成充电，快充模式下仅需 1 h 就可充满 80% 的电量。

在动力性能方面，江淮 iEV6S 搭载峰值功率为 85 kW，峰值转矩为 270 N·m 的永磁同步电机，最高车速为 130 km/h，0 ～ 50 km/h 加速时间为 3.9 s，0 ～ 100 km/h 加速时间为 11 s，该车综合续驶里程为 253 km，而 60 km/h 等速巡航里程达 300 km。

8. 启辰晨风纯电动汽车

作为东风日产第一款纯电动汽车，启辰晨风（图 2-85）是全球销量最大的纯电动汽车日产聆风的孪生兄弟。启辰晨风以日产聆风（Leaf）为蓝本设计而来，是一款造型前卫、科技感十足的纯电动车型。

动力部分启辰晨风采用的是 EM61 电机前轮驱动模式，动力源来自超薄型高性能锂离子电池组，最大输出功率为 80 kW（109 马力），峰值转矩为 254 N·m，最高车速能够达到 145 km/h，百千米耗电大约为 14.6 度。

图 2-85 启辰晨风纯电动汽车的外观

启辰晨风在满电情况下，标准续航里程应为 175 km，作为 80 km 生活圈内的通勤用车非常适合。充电 5 min 续航 60 km，充电 0.5 h 回电 80%，充电效率较高。

9. 宝马 i3 纯电动汽车

宝马 i3 纯电动汽车（图 2-86）搭载的电池经历了两次升级，第一次是在 2017 年，当时增加了一个 33 kW·h 的电池，可以提供大约 185 km 的续航里程。第二次升级在 2019 年，其电池容量达到 42.2 kW·h，续航里程可达到 271 km。

图 2-86　宝马 i3 纯电动汽车的外观

宝马 i3 纯电动汽车的电机是专为市区交通应用而设计的，功率为 125 kW/170 马力，转矩为 250 N·m。与典型的电机一样，从静止状态起就有全额转矩可供使用，并非像内燃发动机那样必须提高发动机转速才能输出最大转矩。宝马 i3 纯电动汽车从 0 加速到 60 km/h 不超过 4 s，仅仅在 7.2 s 内就能达到 100 km/h（如果配有增程发动机，则加速时间为 7.9 s）。

▶ 拓展阅读

工业和信息化部发布《免征车辆购置税的新能源汽车车型目录（第二十八批）》，共 319 款新能源车型入选。其中，纯电动乘用车方面，包括东风小康 EC36、东风奕炫 EV、欧拉 R1/R2、威马 EX5 400、比亚迪 M3、腾势 X、菱智 M5EV、宝骏 E100、逸动 E-Life、雷丁 i5、野马星歌、上汽 Marvel X、哪吒 U、敏安 MX-6、速达 SA01 等 21 款。插电式混合动力乘用车方面，包括神龙 4008、一汽大众 A6L、上汽 MAXUS EUNIQ6 PLUG IN、吉利领克 01/02/03 PHEV、沃尔沃极星 1 等 7 款。

▶ 搜一搜 / 想一想

结合工业和信息化部发布的免征车辆购置税目录，考虑为什么有些新能源车落选了，而入选的理由是哪些？

2.6　纯电动汽车充电桩

纯电动汽车产业能否得到快速发展，充电技术是关键因素之一。智能、快速的充电方式成为电动汽车充电技术发展的趋势。

动力电池充电装置是电动汽车不可缺少的系统之一，它的功能是将电网的电能转化为电动汽车车载动力电池的电能。

1. 纯电动汽车对充电装置的要求

1）安全性好

纯电动汽车充电时，要确保人员的人身安全和动力电池的安全。

2）使用方便

充电装置应具有较高的智能性，不需要操作人员过多干预充电过程。

3）成本经济

成本经济、价格低廉的充电设备有助于降低整个纯电动汽车的成本，提高运行效率，促进纯电动汽车的商业化推广。

4）效率高

效率高是对现代充电装置最重要的要求之一，效率的高低对整个纯电动汽车的能量效率具有重大影响。

5）对供电电源污染小

采用电力电子技术的充电设备是一种高度非线性的设备，会对供电网及其他用电设备产生有害的谐波污染，而且由于充电设备功率因数低，在充电系统负载增加时，其对供电网的影响也不容忽视。

2. 纯电动汽车充电装置的类型

纯电动汽车充电装置的分类有不同的方法，总体上可分为车载充电装置和非车载充电装置。

车载充电装置是指安装在纯电动汽车上的采用地面交流电网或车载电源对动力电池进行充电的装置，包括车载充电机、车载充电发电机组和运行能量回收充电装置。它将一根带插头的交流动力电缆线直接插到纯电动汽车的插座中给纯电动汽车充电。车载充电装置通常使用结构简单、控制方便的接触式充电器，也可以是感应充电器。它完全按照车载动力电池的种类进行设计，针对性较强。

非车载充电装置，即地面充电装置，主要包括专用充电机、专用充电站、通用充电机和公共场所用充电站等，它可以满足各种动力电池的各种充电方式。通常非车载充电器的功率、体积和质量均比较大，以便能够适应各种充电方式。

另外，根据对纯电动汽车动力电池充电时能量转换的方式不同，充电装置可以分为接触式和感应式。

随着电力电子技术和变流控制技术的飞速发展，高精度可控变流技术的成熟和普及，分阶段恒流充电模式已经基本被充电电流和充电电压连续变化的恒压限流充电模式取代。直到目前，主导充电工艺的还是恒压限流充电模式。接触式充电的最大问题在于安全性和通用性，为了使它满足严格的安全充电标准，必须在电路上采用许多措施使充电设备能够在各种环境下安全充电。恒压限流充电和分阶段恒流充电均属于接触式充电技术。

近年来，新型的电动汽车感应充电技术发展很快。感应充电器（图2-87）是利用高频交流磁场的变压器原理，将电能从离车的原方感应到车载的副方，以达到给动力电池充电的目的。感应充电的最大优点是安全，这是因为充电器与纯电动汽车之间并无直接的点接触，即使在恶劣的气候下，如雨雪天，进行充电也无触电的危险。

图 2-87   感应充电器

3. 纯电动汽车充电方法

纯电动汽车动力电池充电方法主要有恒（定）流充电、恒（定）压充电和脉冲快速充电，可根据具体情况选择一种或几种充电方法的组合，现代智能型蓄电池充电器可设置不同的充电方法。

1）恒流充电

恒流充电是指充电过程中使充电电流保持不变的充电方法。恒流充电的优点是具有较大的适应性，容易将蓄电池完全充足，有益于延长蓄电池的使用寿命。缺点是在充电过程中，需要根据逐渐升高的蓄电池电动势调节充电电压，以保持电流不变，充电时间也较长。

恒流充电是一种标准的充电方法，有以下四种充电方法。

（1）涓流充电

涓流充电即维持电池的满充电状态，恰好能抵消电池自放电的一种充电方法，这种充电方法对满充电的电池长期充电无害，但对完全放电的电池充电的话电流太小。

（2）最小电流充电

最小电流充电是指在能使深度放电的电池有效恢复电池容量的前提下，把充电电流尽可能地调整到最小的方法。

（3）标准充电

标准充电即采用标准速率充电，充电时间为 14 h。

（4）高速率（快速）充电

高速率（快速）充电即在 3 h 内就给动力电池充满电的方法，这种充电方法需要自动控制电路，保护电池不损坏。

2）恒压充电

恒压充电是指充电过程中保持充电电压不变的充电方法，充电电流随动力电池电动势的升高而减小。合理的充电电压，应在动力电池即将充满电时使其充电电流趋于零。如果电压过高会造成充电初期充电电流过大和过充电，如果电压过低则会使动力电池充电不足。充电初期若充电电流过大，则应适当调低充电电压，待动力电池电动势升高后再将充电电压调整到规定值。

恒压充电的优点是充电时间短，充电过程无须调整电压，较适合于补充充电。缺点是不容易将动力电池完全充满电，充电初期大电流对极板会有不利影响。

3）脉冲快速充电

脉冲快速充电是先用脉冲电流对动力电池充电，然后让动力电池短时间、大脉冲放电，在整个充电过程中使电池反复充、放电。

4. 纯电动汽车充电方式

纯电动汽车充电方式主要有常规充电方式、快速充电方式、无线充电方式、更换动力电池充电方式和移动式充电方式。

1）常规充电方式

常规充电方式采用恒压、恒流的传统充电方式对电动汽车进行充电。车载充电机是纯电动轿车的一种最基本的充电设备，如图 2-88 所示。

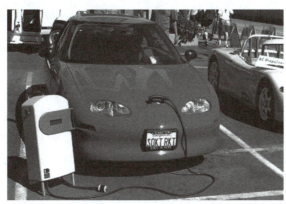

图 2-88 车载充电机

小型充电站是纯电动汽车的一种最重要的充电方式，如图 2-89 所示，充电机设置在街边、超市、办公楼和停车场等处。小型充电站采用常规充电电流充电。

2）快速充电方式

快速充电方式以 150 ～ 400 A 的高充电电流为动力电池充电，其目的是在短时间内给纯电动汽车充满电，充电时间应该与燃油车的加油时间接近。大型充电站（图 2-90）多采用这种充电方式。

图 2-89 小型充电站

图 2-90   大型充电站

3）无线充电方式

纯电动汽车无线充电方式是近几年的研究成果，其原理就像在车里使用的移动电话，将电能转换成一种符合现行技术标准要求的特殊的激光或微波束，在汽车顶上安装一个专用天线接收即可。有了无线充电技术，公路上行驶的纯电动汽车或双能源汽车可通过安装在电线杆或其他高层建筑上的发射器快速补充电能。电费将从汽车上安装的预付卡中扣除。

4）更换动力电池充电方式

除了以上几种充电方式外，还可以采用更换动力电池的方式，即在动力电池电量耗尽时，用充满电的动力电池更换已经电量耗尽的动力电池。纯电动汽车用户把车停在一个特定的区域，然后用更换动力电池的机器将电量耗尽的动力电池取下，换上已充满电的动力电池。由于动力电池更换过程包括机械更换和动力电池充电，因此有时也称它为机械"加油"或机械充电。动力电池更换站同时具备正常充电站和快速充电站的优点，也就是说可以用低谷电给动力电池充电，同时又能在很短的时间内完成"加油"过程。通过使用机械设备，整个动力电池更换过程可以在 10 min 内完成，与现有的燃油车加油时间大致相当。

5）移动式充电方式

对纯电动汽车动力电池而言，最理想的情况是汽车在路上巡航时充电，即所谓的移动式充电（MAC）。这样，纯电动汽车用户就没有必要去寻找充电站、停放车辆并花费时间去充电了。MAC 系统埋设在一段路面之下，即充电区，不需要额外的空间。

接触式和感应式的 MAC 系统都可实施。对接触式的 MAC 系统而言，需要在车体的底部装一个接触拱，通过与嵌在路面上的充电元件相接触，接触拱便可获得瞬时高电流。当电动汽车巡航通过 MAC 区时，其充电过程为脉冲充电。对于感应式的 MAC 系统，车载式接触拱由感应线圈所取代，嵌在路面上的充电元件由可产生强磁场的高电流绕组所取代。很明显，由于机械损耗和接触拱的安装位置等因素的影响，接触式的 MAC 对人们的吸引力不大。

5. 纯电动汽车充电机

充电机是纯电动汽车充电装置最主要的设备，它的性能好坏直接影响纯电动汽车的充电效果。这里参照纯电动汽车有关标准，介绍电动汽车用锂离子电池充电的充电机。

1）纯电动汽车充电机的类型

充电机根据安装位置的不同，可以分为车载充电机和地面充电机；根据输入电源的不同，可以分为单相充电机和多相充电机；根据连接方式的不同，可以分为传导式充电机和感应式充电机；根据功能的不同，可以分为普通充电机和多功能充电机。

车载充电机安装在纯电动汽车上，通过插头和电缆与交流插座连接，因此也称为交流充电机。车载充电机的优点是在动力电池需要充电的任何时候，只要有可用的供电插座，就可以进行充电。缺点是受车上空间的限制，因而功率处理能力有限，只能提供小电流慢速充电，充电时间较长。

地面充电机一般安装在固定的地点，已事先做好输入电源的连接工作，直流输出端与需要充电的纯电动汽车相连接，所以也称为直流充电机。地面充电机可以提供高达上百千瓦的功率处理能力，可以对纯电动汽车进行快速充电。

传导式充电机的输出端直接连接到纯电动汽车上，两者之间存在实际的物理连接，纯电动汽车上不装备电力电子电路。感应式充电机是利用电磁感应耦合方式向纯电动汽车传输电能，两者之间没有实际的物理连接，充电机分为地面部分和车载部分。

普通充电机只提供对动力电池的充电功能，多功能充电机除了提供对动力电池的充电功能外，还能提供诸如对动力电池进行容量测试、对电网进行谐波抑制、无功率补偿和负载平衡等功能。当前实际运行的充电机基本以交流电源作为输入电源，因此，充电机的功率转化单元实质上是一个 AC-DC 转换器。

目前，地面充电机通常使用的是传导式大功率三相充电机。

2）纯电动汽车充电机铭牌标识的电气参数和技术指标

输入电源：AC380 V。

稳流精度：1%。

稳压精度：1%。

满载效率：>91%。

满载功率因数：>0.9。

使用环境温度：$-20 \sim 50℃$。

最高输出电压：串联电池的个数 × 电池充电限制电压 ×k（k 为系数，由电池厂家提供）。

最低输出电压：串联电池的个数 × 电池放电限制电压。

最大输出电流：按动力电池厂家提供的数据确定。

最低充电电流：按动力电池厂家提供的数据确定。

最大输出功率：最高输出电压 × 最大输出电流。

6. 纯电动汽车充电机的技术要求

① 充电机和电池管理系统之间能够进行通信，接收电池数据，充电过程中应采用适当方法保证串联电池中的单体电池电压不超过上限。

② 充电机应具有面板操作和远程操作功能，充电机与监控系统相连，在监控计算机上能完成除闭合和切断输入电源外的所有功能。

③ 充电机应能通过监控网络向监控计算机传送对应电池管理系统发送的数据。

④ 充电机应具有故障报警功能，能主动向监控系统发送故障信息。

⑤ 充电机应具有输入欠电压、输入过电压、输出短路、电池反接、输出过电压、过温、电池故障等保护功能。

⑥ 在脱离电池管理系统的情况下，充电机应停止充电。

⑦ 充电机应提供一条充电电缆，连接后发送确认信号。一方面，在充电期间，当充电插头连接到汽车后，汽车控制系统可通过此信号来禁止在充电期间汽车驱动系统工作，保证充电安全；另一方面，此确认线与充电线形成闭锁，保证充电人员安全。

⑧ 提供良好的人机界面，完成充电机充电过程的闭环控制，并显示故障类型，提供一定的故障排除指示；提供开放式充电过程参数（包括充电模式、充电参数、阶段数）设定功能，并按照参数完成对充电过程的自动控制；当充电机的保护系统工作，引起充电过程中断，此时应能显示故障类型，对比较容易排除的故障提供简单的处理方法。

⑨ 整车充电时要为电池管理系统提供所需的直流电源，目前一般取 24 V/50 A。

⑩ 充电机的监控系统应具备事件记录功能，为事故分析和运行测试提供历史数据。对于有多台充电机的充电站，充电机还需要为充电站监控系统提供事件记录数据。

⑪ 充电机的可靠性必须满足一定的指标，综合考虑成本和利用率，建议充电机要保证 5 年 70 000 ～ 80 000 h 的充电小时数。

⑫ 充电机的设计必须充分保证人身安全，其带电部分不可外露，同时保证车体和大地等的电位；充电机与充电站接地连接，充电机与车体外壳、充电站接地网等连接要可靠方便。

▶ 拓展阅读

充电桩行业的发展是我国新能源汽车发展的基本保障，2015 年 9 月国务院办公厅发布《关于加快电动汽车充电基础设施建设的指导意见》，第一次明确了充电桩行业的政策方向。随后，国家相关部门纷纷出台政策推动充电桩在居民区、办公区及公共区域的建设。

根据我国在公交、出租、环卫与物流等专用车，公务与私人乘用车等领域的汽车增长趋势，结合国家新能源汽车推广应用相关政策要求和规划目标，经测算，到

2020 年全国电动汽车保有量将超过 500 万辆，其中电动公交车超过 20 万辆，电动出租车超过 30 万辆，电动环卫、物流等专用车超过 20 万辆，电动公务与私人乘用车超过 430 万辆。

　　根据各应用领域电动汽车对充电基础设施的配置要求，经分类测算，2015—2020 年需要新建公交车充换电站 3 848 座，出租车充换电站 2 462 座，环卫、物流等专用车充电站 2 438 座，公务车与私家车用户专用充电桩 430 万个，城市公共充电站 2 397 座，分散式公共充电桩 50 万个，城际快充站 842 座。

▶ 搜一搜／想一想

　　通过学习，你认为无线充电最大的技术难点在哪里？

巩固与提高

1. 纯电动汽车的特点及组成有哪些？
2. 纯电动汽车的关键技术有哪些？
3. 铅酸蓄电池的特点是什么？
4. 镍氢电池的工作原理是什么？
5. 特斯拉的 18650 型电池与比亚迪的磷酸铁锂电池相比，其特点如何？
6. 动力电池管理系统的功用是什么？
7. 直流电机的工作原理是什么？
8. 分析轮毂内外转子电机的优缺点是什么？
9. 电机控制器的组成包括哪些？
10. 纯电动汽车的充电方法有哪些？
11. 感应式充电的原理是什么？
12. 目前你认为发展纯电动汽车存在的问题有哪些？

第 3 章 ▶▶▶

混合动力电动汽车

3.1　混合动力电动汽车的定义和组成

　　混合动力电动汽车是燃油汽车向纯电动汽车发展过程中的过渡车型，其保留了传统汽车的大部分结构，同时增添了电机、储能元件和电力电子元件等，因而结构更加复杂，布置也更加灵活，目前技术相对成熟。

3.1.1　混合动力电动汽车的定义与特点

1.混合动力电动汽车的定义

　　从狭义上讲，混合动力电动汽车是指同时装备两种动力源，热动力源（由传统的汽油机或者柴油机产生）与电动力源（电池与电机）的汽车。通过在混合动力电动汽车上使用电机，使动力系统可以按照整车的实际运行工况灵活调控，而发动机保持在综合性能最佳的区域内工作，从而降低油耗与排放。也可以认为混合动力电动汽车通常是指既有蓄电池可提供电力驱动，又装有一个相对小型内燃机的汽车。

　　从广义上来讲，混合动力电动汽车指的是装备有两种具有不同特点驱动装置的车辆。这两种驱动装置中有一种是车辆的主要动力来源，它能够提供稳定的动力输出，满足汽车稳定行驶的动力需求，由于内燃机在汽车上成功的应用，使之成为首选的驱动装置；另外还有一种辅助驱动装置，它具有良好的变工况特性，能够进行功率的平衡，能量的再生与储存，目前应用最多的是电混合系统。

　　国际电子技术委员会对混合动力电动汽车的定义为：在特定的工作条件下，可以从两种或两种以上的能量存储器、能量源或能量转化器中获取驱动能量的汽车。其中至少一种存储器或转化器要安装在汽车上。混合动力电动汽车至少有一种能量存储器、能量源或能量转化器可以传递电能。

2.混合动力电动汽车的特点

　　与纯电动汽车相比，混合动力电动汽车具有以下优点。

　　① 减少了电池的数量，即减少了整车的质量和成本。

　　② 延续传统内燃机汽车成熟的驱动与控制技术，适合量产并降低制造成本。

　　与内燃机汽车相比，混合动力电动汽车具有以下优点。

　　① 可使发动机在最佳效率区域稳定运行。

　　② 可实现纯电驱动。

　　③ 可实现制动能量回收，进一步降低汽车的能量消耗和排放污染。

　　④ 可满足日益严格的环保法规要求。

3.1.2　混合动力电动汽车的组成

　　混合动力电动汽车继承和沿用了很大一部分的内燃机汽车传动系统和操纵装置，包括发动机控制装置、加速踏板、制动踏板、离合器和变速器的操纵装置等。

混合动力电动汽车一般由发动机、电动机／发电机（或驱动电机）、储能装置、电动附件等组成，如图 3-1 所示。

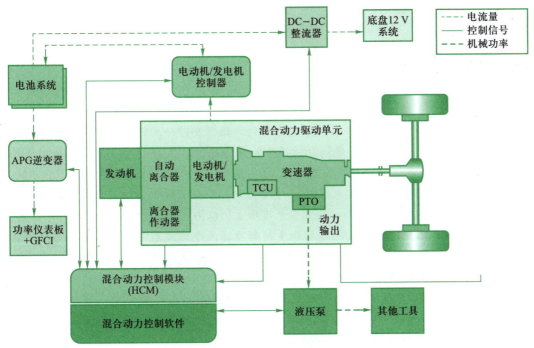

图 3-1 混合动力电动汽车的组成

1. 发动机

混合动力电动汽车的发动机从能量来源来说，可以是汽油机、柴油机；从结构原理上，可以是四冲程内燃机、二冲程内燃机、转子发动机和斯特林发动机。对应不同形式的发动机，发动机提供的功率占汽车动力源总功率的比重不同。

2. 电动机／发电机

汽车起动时电动机作为发动机的起动机；发动机运转时带动发电机发电，为电池充电。根据不同的混合动力结构，电动机／发电机的功率大小和布置也有所不同。在某些混合动力电动汽车上电动机／发电机直接参与车辆驱动，在车辆加速或爬坡时提供辅助动力，在车辆制动时回收制动反馈能量。

3. 驱动电机

驱动电机用于纯电驱动、混合驱动和制动能量回收，可使用直流电机、交流异步电机、永磁电机和开关磁阻电机等多种类型。目前多数采用交流异步电机和永磁电机，部分采用开关磁阻电机。

4. 储能装置

储能装置是混合动力电动汽车的电机驱动和能量回收、发电时的电能储存单元。储能装置可以是不同类型的动力电池、电容、燃料电池或者多种储能元件的复合。

5. 电动附件

电动附件包括水泵、油泵、制动系统和电动助力转向系统等。

这些装置接收驾驶人的控制输入，并且发出控制信号。通过中控计算机的中央控制器和各个部分的控制模块向驱动系统中发动机、电动机 / 发电机（或驱动电机）、离合器和变速器发出指令，以获得不同的驱动模式。同时整车的传感器系统采集车辆信号，为控制系统提供反馈信号。

▶ **拓展阅读**

2010 年，全球进入汽车混合动力时代。据《2013—2017 年中国混合动力汽车行业深度调研与投资战略规划分析报告》数据显示，从 1997 年全球第一辆混合动力电动汽车（丰田普锐斯）首发到 2010 年年底，普锐斯全球累计销售近 300 万辆，约占整个混合动力汽车行业 70% 的市场份额。虽然混合动力电动汽车只占全球汽车销量约 3.7% 的市场份额，而且未来市场上仍以内燃机汽车为主要驱动力，但是，各国政府都已经出台政策，鼓励和支持新能源汽车的发展，从亚洲近邻日本和韩国，到大洋彼岸的北美以及西欧汽车工业强国皆如此。

中国政府也不遗余力鼓励汽车产业重组与变革，由工业和信息化部启动的《节能与新能源汽车产业发展规划（2012—2020）》已明确鼓励多种技术路线车型的发展。作为新能源汽车之一，从市场和技术角度看，混合动力电动汽车规模化和产业化可能性较大。

▶ **搜一搜 / 想一想**

通过总结混合动力电动汽车的特点，进一步分析混合动力电动汽车在发展过程中遇到的机遇和挑战分别是什么？

3.2　混合动力电动汽车的分类

混合动力电动汽车分类方法较多，主要介绍以下六种分类方法。

3.2.1　按照动力系统结构形式分类

根据混合动力电动汽车零部件的种类、数量和连接关系，可以将其分为串联式混合动力电动汽车（SHEV）、并联式混合动力电动汽车（PHEV）和混联式混合动力电动汽车（PSHEV）。

1. 串联式混合动力电动汽车

串联式混合动力电动汽车是指车辆行驶系统的驱动力只来源于电动机的混合动力电动汽车。结构特点是发动机带动发电机发电，电能通过电动机控制器输送给电动机，由电动机驱动汽车行驶。另外，动力电池也可以单独向电动机提供电能驱动汽车行驶。串联式驱动系统连接方式示意图如图 3-2 所示。

串联式驱动系统一般由内燃机直接带动发电机发电，产生的电能通过控制单元传到电池，再由电池传输给电动机转化为动能，最后通过变速机构来驱动汽车。在这种连接方式下，电池就像一个水库，只是调节的对象不是水量，而是电能。电池对发电机产生的能量和电动机需要的能量之间进行调节，从而保证车辆正常工作。这种动力系统在城市公交上的应用比较多，轿车上很少使用。

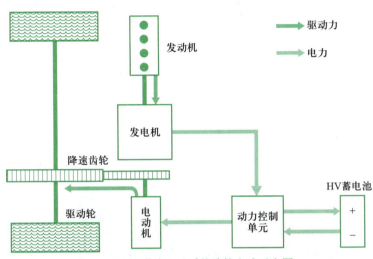

图 3-2　串联式驱动系统连接方式示意图

2. 并联式混合动力电动汽车

并联式混合动力电动汽车是指车辆行驶系统的驱动力由电动机及发动机同时或单独供给的混合动力电动汽车。结构特点是并联式驱动系统可以单独使用发动机或电动机作为动力源，也可以同时使用电动机和发动机作为动力源驱动汽车行驶。并联式驱动系统连接方式示意图如图 3-3 所示。

并联式驱动系统有传统的内燃机驱动系统和电机驱动系统两套驱动系统。两个系统既可以同时协调工作，也可以各自单独工作驱动汽车。这种系统适用于多种不同的行驶工况，尤其适用于复杂的路况。该连接方式结构简单，成本低。本田的雅阁和思域采用的是并联式连接方式，如图 3-4 所示。

3. 混联式混合动力电动汽车

混联式混合动力电动汽车是指具备串联式和并联式两种混合动力系统结构的混合动力电动汽车。混联式混合动力电动汽车的特点是可以在串联混合模式下工作，也可以在并联混合模式下工作，同时兼顾了串联式和并联式的特点。混联式驱动系统连接方式示意图如图 3-5 所示。

混联式驱动系统的特点在于内燃机驱动系统和电机驱动系统各有一套机械变速机构，两套机构或通过齿轮机构，或通过行星轮式机构结合在一起，从而综合调节内燃机与电机之间的转速关系。与并联式驱动系统相比，混联式驱动系统可以更加灵活地根据工况来调节内燃机的功率输出和电机的运转。此连接方式系统复杂，成本高。普锐斯采用的是混联式连接方式，车型如图 3-6 所示。

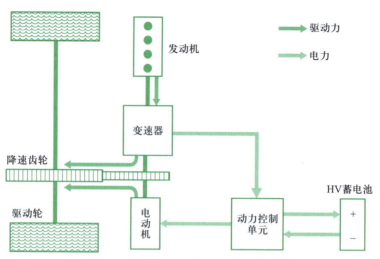

图 3-3　并联式驱动系统连接方式示意图

图 3-4　思域 2009 款 1.3L 混合动力版

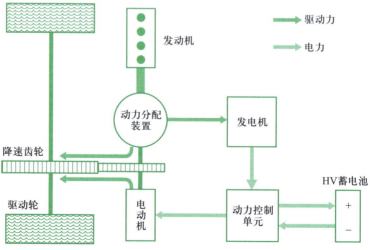

图 3-5　混联式驱动系统连接方式示意图

图 3-6　普锐斯 2012 款

3.2.2　按照混合度分类

按照电机相对于燃油发动机的功率比大小，可以将其分为微混合型混合动力电动汽车、轻度混合（弱混合）型混合动力电动汽车、中度混合（中混合）型混合动力电动汽车和重度混合（强混合）型混合动力电动汽车。

1. 微混合型混合动力电动汽车

微混合型混合动力电动汽车是以发动机为主要动力源，不具备纯电动行驶模式的混合动力电动汽车。只具备停车怠速停机功能的混合动力电动汽车是一种典型的微混合型混合动力电动汽车。一般情况下，电机的峰值功率和发动机的额定功率比小于或等于 5%。

2. 轻度混合型混合动力电动汽车

电机的峰值功率和发动机的额定功率比在 5% ～ 15% 的混合动力电动汽车为轻度混合型混合动力电动汽车，也称为"辅助驱动混合"，其代表车型为通用汽车的混合动力皮卡车。这种类型混合动力驱动系统中，在发动机和变速器之间装有集成起动电机（ISG），发动机依然是主要动力，电机不能单独驱动汽车，只是在爬坡或加速时辅助驱动，同时具有制动能量回收和"起停"功能。此种混合动力电动汽车发动机排量可减少 10% ～ 20%，电机的功率约为发动机的 10%，节油率可达到 10% ～ 15%。

3. 中度混合型混合动力电动汽车

电机的峰值功率和发动机的额定功率比在 15% ～ 40% 的混合动力电动汽车为中度混合型混合动力电动汽车，其代表车型有本田 Insight、雅阁和思域，别克君越 Eco Hybrid。中度混合驱动系统同样采用了 ISG 系统，但与轻度混合驱动系统不同，中度混合驱动系统采用的是高压电机。另外，中度混合动力系统还增加了一个功能，即当汽车处于加速或者大负荷工况时，电机能够辅助驱动车轮，从而补充发动机本身动力输出不足。

4. 重度混合型混合动力电动汽车

电机的峰值功率和发动机的额定功率比 40% 以上的混合动力电动汽车为重度混合型混合动力电动汽车，也称为全混合或强混合动力电动汽车，其代表车型是丰田普锐斯和 Estima。这种混合动力驱动系统采用了 272 ～ 650 V 的高压起动电机，混合程度更高。

中度混合和重度混合这两类车型可由电机或发动机单独驱动。重度混合电机和发动机可以独立或联合驱动车辆，低速起步、倒车和低速行驶时可以纯电驱动，同时具有制动能量回收和"起停"功能。电机的功率约为发动机的 50%，节油率可达到 30% ～ 50%。技术难度较大，成本增加较多。

3.2.3 按照能否外接电源进行充电分类

按照能否外接电源进行充电，可分为插电式混合动力电动汽车和非插电式混合动力电动汽车。

插电式混合动力电动汽车是一种被设计成可以在正常使用情况下从非车载装置中获取能量的混合动力电动汽车，如图 3-7 所示。非插电式混合动力电动汽车是一种被设计成在正常使用情况下从车载燃料中获取全部能量的混合动力电动汽车。

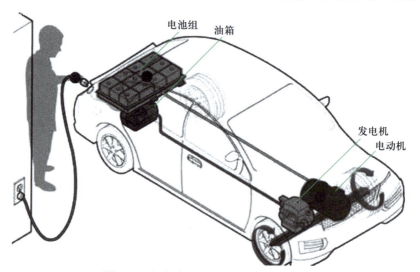

图 3-7　插电式混合动力电动汽车示意图

3.2.4 按照行驶模式的选择方式分类

按照行驶模式的选择方式可分为有手动选择功能的混合动力电动汽车和无手动选择功能的混合动力电动汽车。

有手动选择功能的混合动力电动汽车是指具备行驶模式手动选择功能的混合动力电动汽车，车辆可选择的行驶模式包括热机模式、纯电动模式和混合动力模式三种。

无手动选择功能的混合动力电动汽车是指不具备行驶模式手动选择功能的混合动力电动汽车，车辆的行驶模式根据不同工况自动切换。

3.2.5　按照车辆用途分类

按照车辆用途可以分为混合动力电动乘用车、混合动力电动客车和混合动力电动货车。

3.2.6　按照与发动机混合的可再充电能量储存系统分类

按照与发动机混合的可再充电能量储存系统不同，可以划分为动力蓄电池式混合动力电动汽车、超级电容器式混合动力电动汽车、机电飞轮式混合动力电动汽车和动力蓄电池与超级电容器组合式混合动力电动汽车。

▶ 拓展阅读

我国混合动力电动汽车主要集中在华东地区、华北地区和华中地区，以上三个地区的混合动力电动汽车占到了全国的65.1%，特别是华东地区的混合动力电动汽车占到了全国的27.3%，其中安徽、浙江、福建省政府纷纷出台对混合动力电动汽车的补贴政策，促进了华东地区混合动力电动汽车的发展。华中和华南地区混合动力电动汽车分别占到了22.9%和14.9%，西部地区由于经济发展相对落后，因此混合动力电动汽车行业在此发展比较缓慢，但是随着国家对西部地区的重视，不断出台相关政策加快西部地区的经济发展，未来混合动力电动汽车在西部地区也将有很好的发展空间。

▶ 搜一搜 / 想一想

根据前面学习的混合动力电动汽车的分类方法，对比亚迪F3、领克01混动版、丰田THS等车型进行归类，并说出依据。

3.3　混合动力电动汽车的基本结构与工作原理

3.3.1　串联式混合动力电动汽车的结构和工作模式

1. 结构

串联式混合动力电动汽车系统结构主要由发动机、发电机、电动机和蓄电池等部件组成。发动机仅仅用于发电，发电机发出的电能通过电动机控制器直接输送到电动机，由电动机将电能转化为机械能驱动汽车行驶。当发电机发出的功率大于电动机所需的功率（如汽车低速滑行、低速行驶或短时停车等工况）时，多余的电能向蓄电池充电，来延长混合动力电动汽车的行驶里程；而当发电机发出的功率低于电动机所需的功率（如汽车起步、加速、爬坡、高速行驶等工况）时，蓄电池向电动机提供额外的电能，补充发电机功率的不足，满足车辆峰值功率要求。

另外，蓄电池还可以单独向电动机提供电能来驱动电动汽车，使混合动力电动汽车在零污染状态下行驶。串联式混合动力电动汽车能量流动路线图如图 3-8 所示。

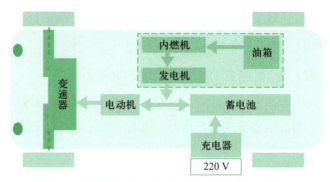

图 3-8   串联式混合动力电动汽车能量流动路线图

在串联式混合动力电动汽车上，由发动机带动发电机所产生的电能和蓄电池输出的电能，共同输出到电动机来驱动汽车行驶，电力驱动是唯一的驱动模式。串联式混合动力驱动系统如图 3-9 所示。

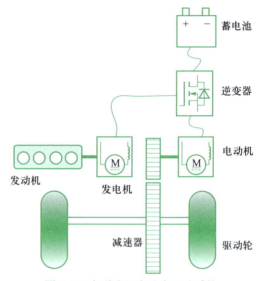

图 3-9   串联式混合动力驱动系统

串联式混合动力电动汽车的发动机能够经常保持在稳定、高效和低污染的运转状态，使有害排放气体控制在最低范围。发动机、发电机和电动机三大总成在汽车上布置时有较大的自由度，但总成各自的功率较大，外形较大，质量也较大，在中小型电动汽车上布置有一定困难。另外，在发动机 – 发电机 – 电动机驱动系统的热能 – 电能 – 机械能的能量转换过程中，能量损失较大。从发动机释放的能量以机械能的形式从曲轴输出，并立即被发电机转变为电能，由于发电机的内阻和涡流，将会产生能量损失（能量效率为 90% ～ 95%）。电能随后又被电动机转变为机械能，在电动机和控制器中能量又进一步损失，平均效率为 80% ～ 85%。能量转换的效率要比内燃机汽车低，串联式混合动力驱动系统较适合在大型客车上使用。

2. 工作模式

如图 3-10 所示，串联式混合动力电动汽车的典型工作模式有以下几种。

1）纯电驱动模式

纯电驱动模式发动机关闭，车辆从车载蓄电池中获得电能，驱动车辆前进，如图 3-10a 所示。

2）纯发动机驱动模式

纯发动机驱动模式车辆驱动功率来源于发动机和发电机组成的发电单元，这时蓄电池既不供电，也不从发电单元获取电能，如图 3-10b 所示。

3）混合驱动模式

混合驱动模式电动机同时从蓄电池和发动机-发电机发电单元获取电能，驱动车辆，如图 3-10c 所示。

4）行车充电模式

行车充电模式发动机-发电机发电单元除了向车辆提供行驶所需的功率外，还向蓄电池充电，如图 3-10d 所示。

5）制动能量回收模式

制动能量回收模式即再生制动能量回收，由电动机作为发电机回收减速或制动过程的能量并向蓄电池充电，如图 3-10e 所示。

6）停车充电模式

停车充电模式电动机不接收功率，车辆行驶，发动机-发电机发电单元仅向蓄电池充电，如图 3-10f 所示。

实际的工作模式需要经过控制策略的优化，在满足动力性要求的前提下，保护蓄电池的状态和性能，获得更好的燃油经济性和更低的排放。

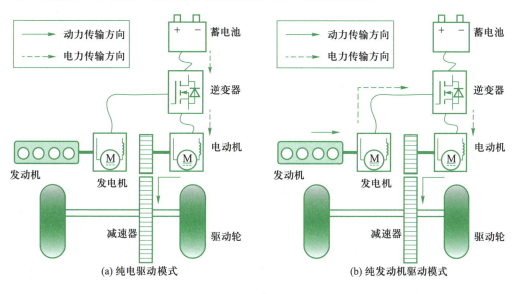

(a) 纯电驱动模式　　　　　　　(b) 纯发动机驱动模式

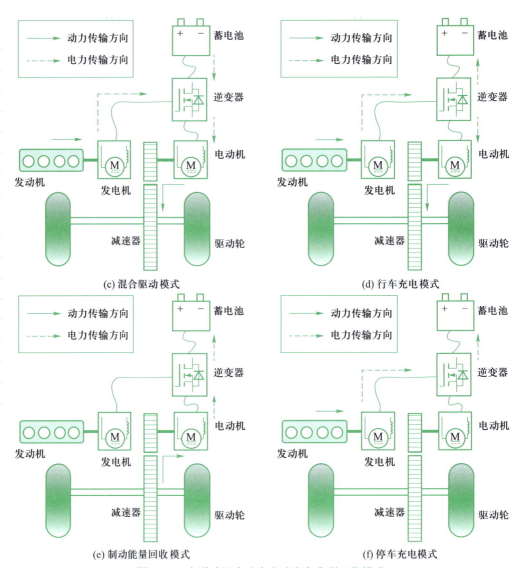

图 3–10   串联式混合动力电动汽车典型工作模式

3.3.2   并联式混合动力电动汽车的结构和工作模式

1. 结构

并联式混合动力电动汽车主要由发动机、电机和蓄电池等部件组成，有多种组合形式，可以根据使用要求选用。并联式混合动力驱动系统采用发动机和电机两套独立的驱动系统驱动车轮。发动机和电机通常通过不同的离合器来驱动车轮，可以采用发动机单独驱动、电机单独驱动或者发动机和电机混合驱动三种工作模式。当发动机提供的功率大于车辆所需驱动功率或者当车辆制动时，电机工作于发电机状态，给蓄电池充电。并联式混合动力电动汽车能量流动路线图如图 3–11 所示。

发动机和电机的功率可以互相叠加，发动机功率和电机功率约为电动汽车所需最大驱动功率的 0.5 ～ 1 倍，因此，可以采用小功率的发动机与电机，使整个动力系统的装配尺寸、质量都较小，造价也更低，行程也可以比串联式混合动力电动汽车的长一些，其特点更加接近于内燃机汽车。并联式混合动力驱动系统通常被应用在小型混合动力电动汽车上。

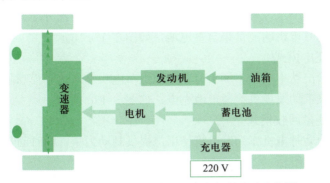

图 3-11　并联式混合动力电动汽车能量流动路线图

并联式混合动力驱动系统示意图如图 3-12 所示。发动机和电动机通过某种变速装置同时与驱动桥直接相连接。电机可以用来平衡发动机所受的载荷，使其能在高效率区域工作，因为通常发动机工作在满负荷（中等转速）下燃油经济性最好。当车辆在较小的路面载荷下工作时，内燃机车辆的发动机燃油经济性比较差，而并联式混合动力电动汽车的发动机此时可以被关闭，而只用电机来驱动汽车，或者增加发动机的负荷使电机作为发电机，给蓄电池充电（即一边驱动汽车，一边充电）。由于并联式混合动力电动汽车在稳定的高速下发动机具有比较高的效率和相对较小的质量，所以它在高速公路上行驶具有比较好的燃油经济性。

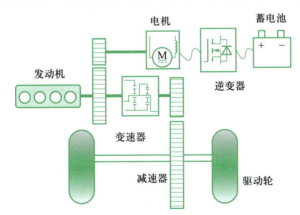

图 3-12　并联式混合动力驱动系统示意图

2. 工作模式

如图 3-13 所示，并联式混合动力电动汽车的典型工作模式有以下几种。

（1）纯电驱动模式

传统车辆起步时发动机效率低，排放差。并联结构由于增加了一套电驱动系统，在电池电量充足的情况下使用纯电驱动模式，如图 3-13a 所示。

（2）纯发动机驱动模式

当车辆匀速行驶，满足发动机高效工作区域时，使用纯发动机驱动模式，可以获得较高的效率，如图 3-13b 所示。

（3）混合驱动模式

加速或爬坡工况下，车辆需要更大的驱动力，这时两部分动力同时输出，以满足动力要求。此时电机的能量来自蓄电池，如图 3-13c 所示。

（4）行车充电模式

当发动机输出功率大于车辆负荷、电池组荷电状态未达到最高限制时，发动机的多余能量用来带动发电机给蓄电池充电，如图 3-13d 所示。

（5）制动能量回收模式

车辆减速制动时电机作为发电机使用，提供制动力矩，同时回收电能向蓄电池充电，如图 3-13e 所示。

（6）停车充电模式

若停车前蓄电池的电量不足，为了保证下一次起动时可以使用纯电起动，增加纯电驱动续航里程，可以在停车时利用发动机给蓄电池充电，如图 3-13f 所示。

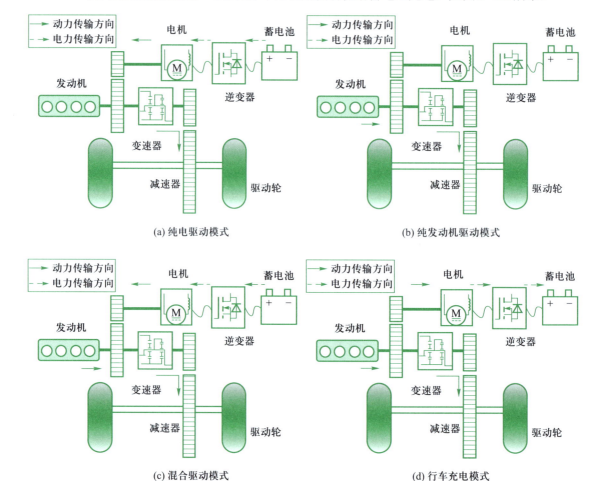

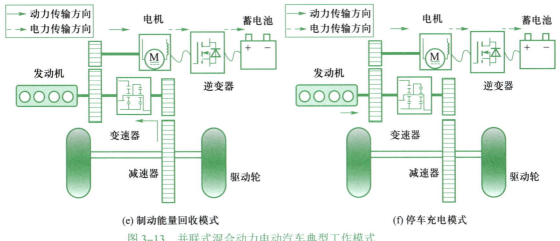

(e) 制动能量回收模式　　　　　　　　　　(f) 停车充电模式

图 3-13　并联式混合动力电动汽车典型工作模式

3.3.3　混联式混合动力电动汽车的结构和工作模式

1. 结构

混联式驱动系统是串联式与并联式的综合，主要由发动机、发电机、电动机、行星齿轮机构和蓄电池等部件组成。其特点是可以在串联模式下工作，也可以在并联模式下工作，同时兼顾了串联式和并联式的特点。由于这种类型混合动力驱动系统可以设计成用发动机驱动前轮，用电动机驱动后轮，所以适合应用于四轮驱动的车辆，目前在丰田普锐斯车上应用较多。混联式混合动力电动汽车能量流动路线图如图 3-14 所示。

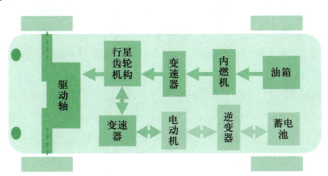

图 3-14　混联式混合动力电动汽车能量流动路线图

混联式混合动力驱动系统的结构如图 3-15 所示，其工作原理为：发动机发出的功率一部分通过功率分配器，经机械传动系统传至驱动轮，另一部分则驱动发电机发电，发出的电能输送给电动机或蓄电池，电动机的力矩同样也可通过传动系统传送给驱动轮。

2. 工作模式

混联式混合动力电动汽车兼具串联和并联混合动力电动汽车的工作模式，如图 3-16 所示。

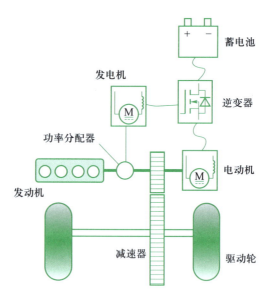

图 3-15   混联式混合动力驱动系统的结构

（1）纯电驱动模式

纯电驱动如图 3-16a 所示，利用蓄电池的电能，通过电动机单独驱动汽车行驶。

（2）纯发动机驱动模式

纯发动机驱动模式如图 3-16b 所示，此种情况和传统汽车工作状况相同，因此适合于发动机经济转速区域，即适用于巡航车速。

（3）串联驱动模式

串联驱动模式如图 3-16c 所示，适用于两种工况，一是低速区间，大功率驱动工况，如连续爬坡等，此时依照工作状况设定，由电动机驱动，将会消耗大量的电，需要发动机为蓄电池补充电量；二是蓄电池电能不足，低于预设值，发动机需要为蓄电池及时补充电能。汽车以串联驱动模式行驶时，发动机工作在经济区且输出恒定功率。

（4）并联驱动模式

并联驱动模式如图 3-16d 所示，发动机和电动机同时工作，能提供较大的动力输出，因此这种模式通常适合于工作在中低速加速和高速区。

（5）行车充电模式

行车充电模式如图 3-16e 所示，一般工作在发动机中速区域，且此时的发动机动力负荷偏低，效率低。通过这种模式可以提高发动机的工作负荷，从而提高发动机的工作效率和为蓄电池补充电能。

（6）停车充电模式

停车充电模式如图 3-16f 所示，当蓄电池荷电状态低于设定限值时，采用停车充电模式，发动机在经济区以输出恒定功率的方式带动电动机发电，为蓄电池补充能量。

（7）制动能量回收模式

制动能量回收模式如图 3-16g 所示，汽车制动时，车轮提供反向转矩，带动电动机来作为发电机发电，以此回收能量。通过回收制动能量，混合动力汽车能很好地控制油耗和排放。这种模式工作在中高速滑行和制动的工况下。

（8）全加速模式

全加速模式如图 3-16h 所示，发动机、发电机及电动机同时驱动。此时，所有能量都输出用于驱动汽车，这种模式能获得最大的驱动力。一般用于极限速度行驶和超车等情况。

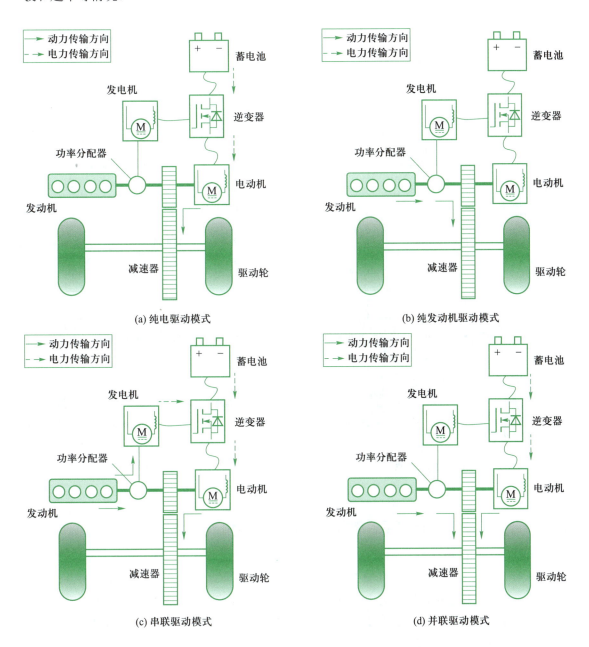

(a) 纯电驱动模式

(b) 纯发动机驱动模式

(c) 串联驱动模式

(d) 并联驱动模式

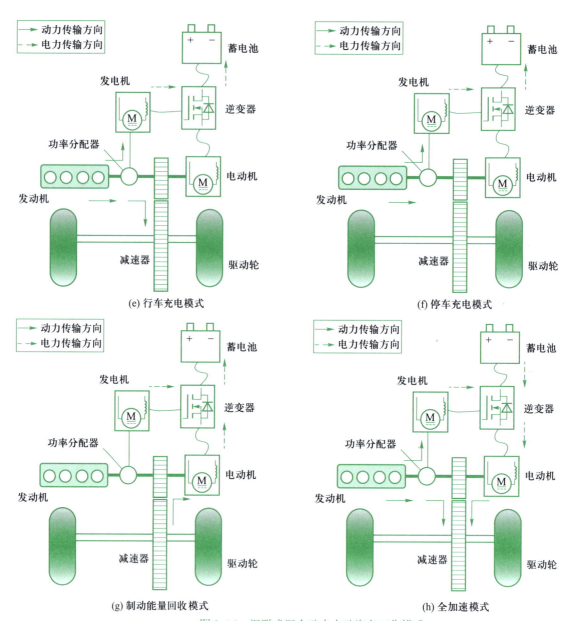

图 3-16   混联式混合动力电动汽车工作模式

3.3.4   插电式混合动力电动汽车的结构和工作模式

1. 结构

插电式混合动力电动汽车是可以使用电网对动力电池充电的混合动力电动汽车，是在油电混合动力电动汽车的基础上开发出来的。它既可以在纯电动模式下长距离行驶，也可以在全混合模式下工作。沃尔沃 S60L 插电式混合动力电动汽车如图 3-17 所示。

插电式混合动力电动汽车自身安装车载充电器，可以直接用电网充电。与纯电动车相比，插电式混合动力电动汽车增加了内燃机；与油电混合动力电动汽车相比，插电式混合动力电动汽车可以外接电网充电；在相同车型条件下，插电式混合动力电动汽车比油电混合动力电动汽车的电池功率大，内燃机功率小。总之，插电式混合动力电动汽车的设计目标是综合纯电动汽车与油电混合动力电动汽车的优点。

图 3-17 沃尔沃 S60L 插电式混合动力电动汽车

2. 工作模式

根据车上电池荷电状态的变化特点，可以将插电式混合动力电动汽车的工作模式分为电量消耗、电量保持和常规充电模式，其中电量消耗模式又分为纯电动和混合动力两种子模式。

插电式混合动力电动汽车优先应用电量消耗模式。在电量消耗模式中，其根据整车的功率需求，具体选择纯电动和混合动力两种子模式。沃蓝达和普锐斯插电式混合动力电动汽车工作模式分别如图 3-18 和图 3-19 所示。

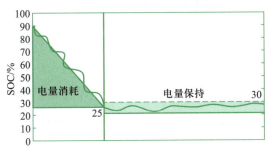

图 3-18 沃蓝达插电式混合动力电动汽车工作模式

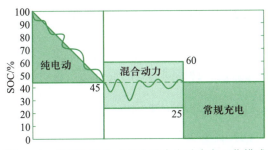

图 3-19 普锐斯插电式混合动力电动汽车工作模式

在电量消耗的纯电动子模式中，发动机是关闭的，蓄电池是唯一的能量源，蓄电池的荷电状态降低，整车一般只达到部分动力性指标。该模式适合于起动、低速和低负荷时应用。

在电量消耗的混合动力子模式中，发动机和电动机同时工作，蓄电池提供整车功率需求的主要部分，蓄电池的荷电状态也在降低，发动机用来补充蓄电池输出功率不足的部分，直至蓄电池的荷电状态达到最小允许值。该模式适合高速，尤其是要求全面达到动力性指标时采用。

在电量保持模式下，插电式混合动力电动汽车与传统混合动力电动汽车工作模式类似，蓄电池的荷电状态基本维持不变。

电量消耗的纯电动模式、电量消耗的混合动力模式和电量保持模式之间能够根据整车管理策略进行切换，切换的主要依据是整车功率需求和电池的荷电状态。

▶ 拓展阅读

混合动力的技术概念和专利授权的公开，最早是在中国国家专利局实现的。20世纪 90 年代末，中国电动自行车的应用开发刚刚起步。电动车辆技术上的瓶颈首先就暴露出来，即电池储存的能量有限，导致车辆的功率和行驶里程极其有限。1997 年 1 月 27 日国家专利局受理了中国第一个有关混合动力车辆的专利申请（混合动力这个中文名词及技术概念也是第一次使用），并于 1998 年 7 月 7 日获得国家专利局授权并公开。专利号（97210746.0），专利名称（内燃机 / 蓄电池混合动力自行车），专利人（罗 × 安）。由于当时中国的经济发展水平和制造业条件的限制，这个新概念和技术当时没有机会在中国发展起来。

目前我国各大汽车集团都在进行混合动力电动汽车研发，多数以混合动力电动客车为主，这种研发方向符合我国国情，有利于我国电动汽车的研究发展。与此同时，新能源汽车作为未来汽车的主要发展方向，国家一向给予支持和鼓励，如《汽车产业发展政策》《"十一五"汽车产业发展规划》等政策和文件都鼓励清洁汽车、代用燃料及汽车节油技术的发展。

▶ 搜一搜 / 想一想

通过查阅相关资料，总结不同的驱动模式各有什么特点？

3.4　三种混合动力电动汽车的比较

混合动力电动汽车因驱动结构的不同，分为串联式、并联式和混联式混合动力电动汽车三种。下面将对这三种不同形式的混合动力驱动系统进行比较。

3.4.1　三种混合动力驱动系统比较

1. 结构比较

三种混合动力驱动系统的结构比较如图 3–20 所示。

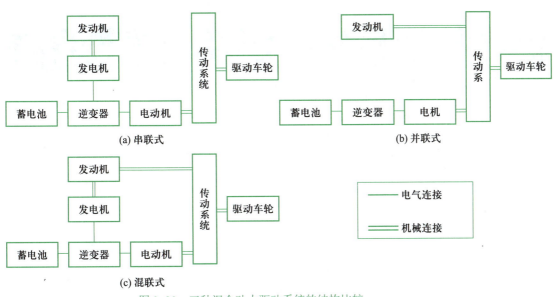

图 3-20 三种混合动力驱动系统的结构比较

2. 性能比较

三种混合动力驱动系统的性能比较见表 3-1。

表 3-1 三种混合动力驱动系统的性能比较

项目	串联式	并联式	混联式
公路行驶燃油经济性	较优	优	优
城市行驶燃油经济性	优	较优	优
低排放性能	优	较优	较优
成本	低	较低	较低
复杂程度	简单	较复杂	复杂
控制简易程度	简单	较复杂	复杂
动力总成	发动机、发电机、电动机三大动力总成	发动机、电机两大动力总成	发动机、发电机、电动机三大动力总成
驱动模式	电动机是唯一的驱动模式	发动机驱动模式、电机驱动模式、发动机-电机混合驱动模式	发动机驱动模式、电动机驱动模式、发动机-电动机混合驱动模式、发电机-电动机混合驱动模式
能量转换效率	能量转换效率较低	能量转换效率较高	能量转换效率较高

项目	串联式	并联式	混联式
制动能量回收	能够回收制动能量	能够回收制动能量	能够回收制动能量
整车总布置	三大动力总成之间没有机械式连接装置，结构布置的自由度较大；但三大动力总成的质量、尺寸都较大，一般在大型车辆上采用	发动机驱动系统保持机械式传动系统，发动机与电机两大动力总成之间被不同的机械装置连接起来，结构复杂，使布置受到一定的限制	三大动力总成之间采用机械装置连接，三大动力总成的质量、尺寸都较小，能够在小型车辆布置，但结构更加紧凑
适用条件	适用于大型客车或货车，适应在路况较复杂的城市道路和普通公路上行驶，更加接近纯电动汽车性能	适用于中小型汽车，适应在城市道路和高速公路上行驶，接近普通的内燃机汽车性能	适用于各种类型的汽车，适应在各种道路上行驶，更加接近普通的内燃机汽车性能

3.4.2   三种混合动力电动汽车的特点

1. 串联式混合动力电动汽车

（1）优点

① 排放污染小。

② 驱动形式多样。

③ 布置方便。

（2）缺点

① 对电动机、发电单元和蓄电池的要求高。

② 能量转换效率较低。

③ 对蓄电池工作和性能要求更高。

2. 并联式混合动力电动汽车

（1）优点

① 两条驱动路径并联可增加驱动功率。

② 动力元件比串联式混合动力驱动系统更小。

③ 储能元件容量要求减小。

④ 电机根据工况灵活工作。

（2）缺点

① 发动机工作状态受路面行驶工况影响。

② 相比串联式混合动力电动汽车结构和布置更复杂。

3. 混联式混合动力电动汽车

（1）优点

① 与串联式混合动力电动汽车相比驱动系统占地更小、成本降低。

② 多种工作模式配合可获得更好的性能。

③ 发动机参与驱动，减少能量转换损失。

④ 纯电行驶可降低排放。

（2）缺点

① 发动机参与驱动，在特殊工况下排放高于串联式混合动力汽车。

② 结构复杂，布置困难。

③ 整车多能源控制系统要求更高、更复杂。

3.4.3 插电式混合动力电动汽车的特点

（1）优点

① 插电式混合动力电动汽车有纯电动汽车的优点，可利用夜间低谷电对蓄电池进行充电，提升电厂的机组效率，节约能源。

② 减少温室气体和各种有害物的排放；降低对石油燃料的依赖，减少石油进口，增强国家能源安全。

③ 如果是在城市行驶，距离较短，使用纯电动模式，不消耗燃油；如果长途旅行，距离较长，使用混合驱动模式，可以增加续驶里程。

④ 可以利用外部电网对车载蓄电池进行充电。

（2）缺点

① 根据特定需求确定纯电动里程，同时影响蓄电池大小的选择。

② 纯电行驶对蓄电池提出较高要求，如蓄电池要有足够高的能量密度和功率密度，较长的循环寿命，放电及充电性能要求均较高。

③ 对充电设施有要求，包括充电站的建设等。

▶ **拓展阅读**

从世界范围的整个形势来看，日本是电动汽车技术发展速度最快的几个国家之一，特别是在发展混合动力汽车方面，日本居世界领先地位。1997 年 12 月，日本市场上推出了世界上第一款批量生产的混合动力轿车。到 2012 年时，其所有的车型将全部装上了混合动力发动机。在实现混合动力系统的低能耗、低排放和改进行驶性能方面，其已经走在了世界的前列。

▶ **搜一搜 / 想一想**

查阅相关资料，举例说明日本在混合动力汽车方面发展迅速的原因是什么。

3.5 典型混合动力电动汽车工作原理

丰田普锐斯作为全球销量最高的混合动力电动汽车，其结构与工作原理具有典型性，下面以其为例介绍典型混合动力电动汽车工作原理。

3.5.1 典型混合动力电动汽车整车概述

丰田普锐斯是第一辆混联型的混合动力电动汽车，其动力系统叫作 Toyota Hybrid System（THS），结合了串联和并联两种方式的特点，由发动机、电机、行星齿轮、逆变器和 HV 蓄电池组成，如图 3-21 所示。其中，电机既可以做电动机又可以做发电机，叫作 MG1、MG2。行星齿轮将两个电机和发动机有机地联系起来。

图 3-21 普锐斯动力总成各部件的位置

如图 3-22 所示，白色的铝盒就是逆变器。如果沿着逆变器左边的冷却水壶画一条线，左边是传统的发动机部分，右边是电机、逆变器、行星齿轮等部件。其中，发动机是传统的 4 缸汽油机，电机是交流永磁同步无刷电机，最大功率分别为 33 kW 和 16 kW；HV 蓄电池无须外接充电，免维护；前后轮制动系统均为盘式制动，制动控制采用线性电磁阀，对再生制动能量给蓄电池充电的功能进行优化。

图 3-22 普锐斯 THS

3.5.2 典型混合动力电动汽车动力系统概述

普锐斯动力系统在整车上的布置情况如图 3-23 所示，其主要由发动机、HV
蓄电池、铅酸蓄电池、混合动力传动桥、变频器总成、动力管理控制 ECU 和高
压线束等组成，其中混合动力传动桥由独特的行星齿轮机构和两个电机组成，可
同时实现并联和串联。

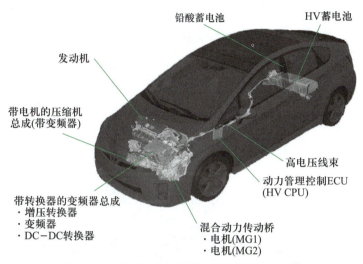

图 3-23　普锐斯动力系统在整车上的布置情况

如图 3-24 所示，普锐斯动力系统中发动机产生的机械能一部分通过 MG1 转
换成电能，由逆变器输入 MG2，再由 MG2 把电能转变成机械能，带动外齿圈，通
过传动链驱动车轮，这种动力传递形式为串联式。在这个过程中，如果 MG1 发电
量不足，则由 HV 蓄电池补充电能，反之，HV 蓄电池储存 MG1 多余的能量；另
一部分机械能由发动机直接作用在外齿圈上，外齿圈与 MG2 相连，因此 MG2 也
可以带动外齿圈，这一动力传递形式为并联式。

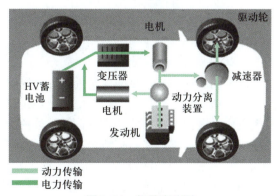

图 3-24　能量流动图

如图 3-25 和图 3-26 所示，发动机与行星架相连，MG1 与太阳轮相连，MG2
与外齿圈相连，而外齿圈通过传动链与后桥相连，由减速装置和差速器驱动两前

轮。采用链传动的原因：这套驱动结构空间有限，链传动更为紧凑。另外链传动没有轴向冲击。

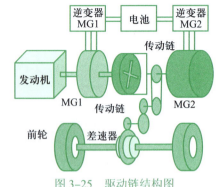

图 3-25   驱动链结构图

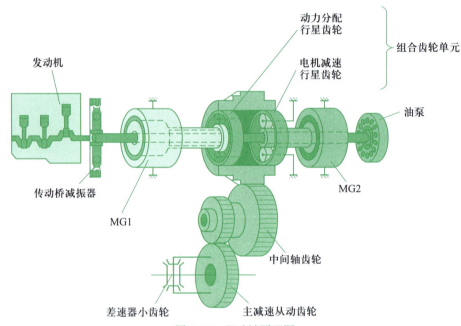

图 3-26   驱动链原理图

1. 发动机概述

采用混合动力作为汽车的驱动方式，目的就是为了提高发动机的效率，降低油耗，改善排放。为此，普锐斯所用发动机无论是在结构上还是在控制上都采用了一系列的先进手段。发动机作为普锐斯唯一的动力源，其性能的优劣对整车的性能产生直接的影响。普锐斯所用发动机采用的是阿特金森循环，其规格见表 3-2。

普锐斯所用发动机结构（图 3-27）的特点：4 缸直列、顶置双凸轮轴 16 气阀（DOHC）；进、排气歧管分开布置，避免进气被加热；屋脊形燃烧室，自然吸气，横向进气方式；没有传统发动机上所应该具有的起动电机和发电机（由 MG1 取代）；动力总成结构较为复杂，因此发动机结构非常紧凑，以减小体积和质量；同时，发动机机体及缸盖采用铝合金铸造（8 mm 壁厚），以进一步减轻重量。

表 3-2 普锐斯所用发动机规格

项目	规格	说明
型号	INZ-FXE	为普锐斯专门设计
排量	1.5 L	75.0 mm×84.7 mm
气缸排列	4 缸直列	—
燃烧室形状	屋脊形燃烧室	—
几何压缩比	13：1	由于采用阿特金森循环，实际压缩比为 9：1 左右
最大功率	53 kW（在 4 500 r/min 时）	—
最大转矩	111 N·m（在 4 200 r/min 时）	—
最高转速	4 500 r/min	—
进气方式	自然吸气	横向自然吸气
节气门形式	电子节气门	电位器式
点火形式	单独点火系统	每缸一个点火线圈
配气形式	VVT-i	DOHC，可调角度 35°
燃油喷射	SFI	顺序燃油喷射

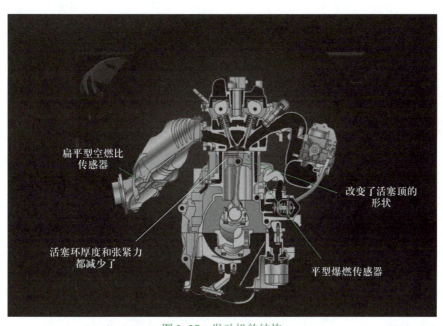

图 3-27 发动机的结构

2. 动力分配系统概述

普锐斯采用行星齿轮作为变速机构，如图 3-28 所示，可以实现电机与发动机的动力分配和无级变速。行星齿轮三个部件都是独立的，连接方式是：发动机与行星架连接，MG1 与太阳轮连接，MG2 与外齿圈连接，这套机构叫作动力分配系统（Power Split Device，简称 PSD）。该机构中，行星齿轮连接关系如图 3-29 所示，太阳轮、齿圈、行星架三个部件都不是固定的。行星架连在发动机上，如果发动机不动，则行星架可以静止，行星架不能反转，而外齿圈、太阳轮则可以改变旋转方向。根据行星齿轮旋转原理，任意两个齿轮的速度可以决定第三个齿轮的速度。

动力分配装置
·太阳轮：MG1
·行星齿轮架：发动机
·齿圈：组合齿轮
(到车轮)

电机减速装置
·太阳轮：MG2
·行星齿轮架：固定
·后齿轮：组合齿轮
(到车轮)

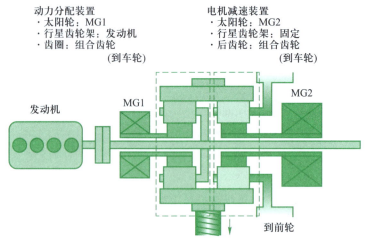

图 3-28   PSD 行星齿轮连接关系

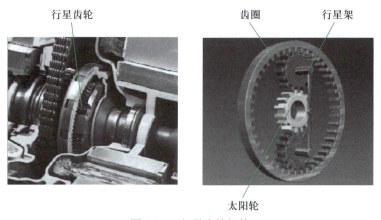

图 3-29   行星齿轮机构

车辆静止起动时，MG1 作为起动机，带动发动机运转至 1 000 r/min 的转速左右，开始喷油点火，发动机要么静止，要么转速在 1 000 r/min 以上；在运行过程中，MG1 通过发动机的转矩，发电传送到逆变器。MG2 与外齿圈连接，如果驱动力不够，MG2 将启动，帮助发动机减少负荷波动。MG2 还实现帮助发动机制动。而倒车的时候，也是 MG2 带动车倒行，发动机可以运行，也可以不运行。

3. 高压电池系统

高压电池系统如图 3-30 所示，其由 HV 蓄电池、电池智能单元、蓄电池冷却、服务插销、接线盒总成等构成。高压电池系统、变频器、MG1、MG2、DC-DC 转换器通过高压线连在一起，其中，变频器根据 ECU 的指令，把高压直流电转换成交流电驱动电机或把电机发的电转换为直流电给 HV 蓄电池充电。DC-DC 转换器根据 ECU 的指令给 HV 蓄电池充电并给功率放大器供电。

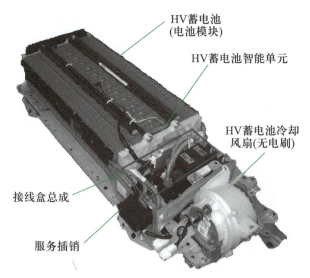

图 3-30　高压电池系统

普锐斯 HV 蓄电池基本参数见表 3-3，该电池的能量来源于发动机和制动回收的能量，电池内阻为 0.5~0.6 Ω，电池容量为 6.5 A·h（1.5 kW·h），效率为 90% 左右，大约可以供 33 kW 电机运行 1 min，同时油箱可以装 50 L 的汽油，相当于 452 kW·h，效率为 30% 左右。为了延长电池的使用寿命，电池 SOC 运行范围为 40% ～ 80%，控制目标为 54%。

表 3-3　普锐斯 HV 蓄电池基本参数

项目	参数	单位
电池类型	镍氢电池	—
电池单体电压	1.2	V
充电容量	6.5	A·h
每个模块含单体数	6	—
模块数	38	—
总电压	273.6	V
储藏电池能量	1 778	W·h
模块质量	1.04	kg
高压电池总质量 *	53.3	kg

*（高压电池总质量包括电池盒、控制盒和电源其他器件的质量）

系统主继电器的结构及电路图如图 3-31 所示，随着点火钥匙的 ON、OFF 而闭合或断开，点火钥匙转到 OFF 时，主继电器切断高压系统，以确保安全，当汽车受到碰撞或系统有故障时，主继电器也会切断高压系统。电流传感器用来计算电池的 SOC。当电池发生短路时，熔断器断开，以防止电子器件的损坏和车上发生火灾，其安装位置如图 3-32 所示。电池 ECU 根据电池的电流、电压和温度来计算电池的 SOC，并把数据传送到整车控制系统，同时电池 ECU 还检测电池是否正常，其安装位置如图 3-33 所示。在修理汽车时，为了确保安全，通过拔出服务插销（图 3-34）可以人为地断开电路。电池还有温控系统，如图 3-35 所示，该系统通过装在通风道上的冷却风扇把来自驾驶室的冷却空气，经过滤清器、通风管路送到 HV 蓄电池，冷却风扇有四种运行模式：关、低转速、中转速、高转速，电池温控系统决定冷却风扇的运行模式。

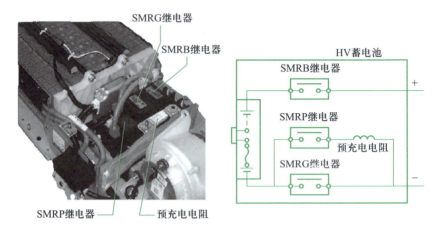

图 3-31　系统主继电器的结构及电路图

图 3-32　熔断器的安装位置

图 3-33　电池 ECU 的安装位置

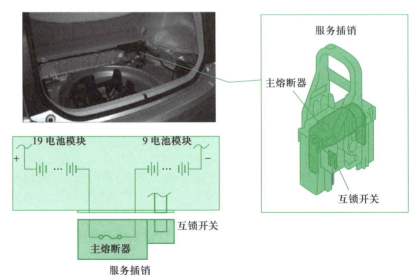

图 3-34　服务插销的安装位置、结构和工作原理图

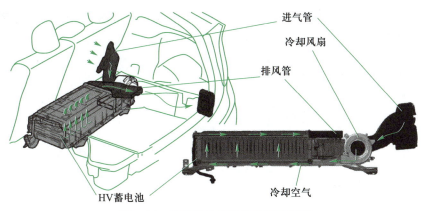

图 3-35 电池温控系统的工作原理图

4. 变频器总成

变频器总成（图 3-36）内部为多层结构，结构紧凑，主要由电容、智能动力模块（IPMs）、电抗器、电机 ECU 和 DC-DC 转换器等组成，其内部电路如图 3-37 所示。

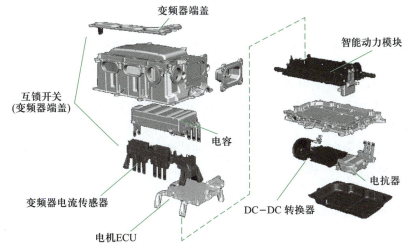

图 3-36 变频器总成

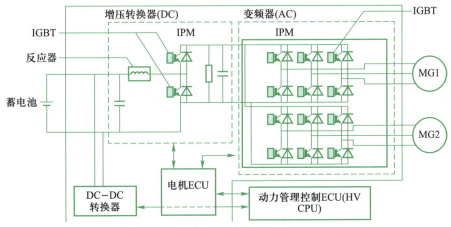

图 3-37 变频器的内部电路图

图 3-38 所示为逆变器的工作原理图，图中的六个 IGBT 用来改变电流方向，IGBT 的开合由逆变器控制器根据转子的位置决定。

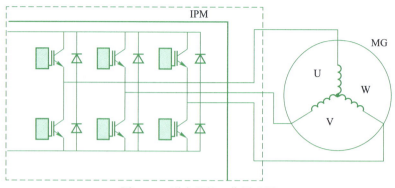

图 3-38   逆变器的工作原理图

另外，转换器接通 HV 蓄电池电压到线圈，并迅速切断，以改变电流以及转矩的平均大小。通过线圈的自感应，转换器实际上可以传递一个比 HV 蓄电池产生的更大的电流到线圈，这种现象只有线圈电压小于电池电压时才产生。由于线圈电流的大小决定电机转矩，故这种电流的增加使电机转动很慢时产生很大的转矩。

DC-DC 转换器的作用（图 3-39）是把 HV 蓄电池中的高压（额定电压：288 V）直流电转换为低压直流电（12 V），给铅酸蓄电池充电，以满足车上各电器的使用要求，这样在发动机运行时，DC-DC 转换器才可能对铅酸蓄电池进行充电直到其最高电压值（12 V）；当发动机不运行时，尽管高压电池 SOC 足够高，DC-DC 转换器也不对铅酸蓄电池充电。如果汽车上的其他电器（如前照灯、示宽灯、收音机等）还在继续使用，则铅酸蓄电池的电压可能降低到 8 V 或降为零，需要再次起动发动机时，只有通过外界充电器对其充电，发动机才可能再一次起动，一旦起动，立即可以对铅酸蓄电池进行充电。

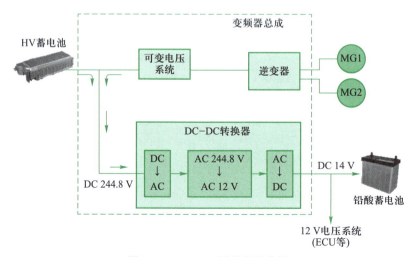

图 3-39   DC-DC 转换器的作用

5. 电机

普锐斯配备两个电机，如图 3-40 所示，电机的转子采用内置永久磁铁 IPM 系统。磁极镶在转子里，电磁钢片碾在转子上，避免缠绕在电磁铁表面，以减少成本。内置永久磁铁转子系统，通过在电磁力矩上叠加磁滞力矩获得更高的力矩和更高的效率，相电流控制有助于 IPM 转子获得更高的输出力矩和效率。

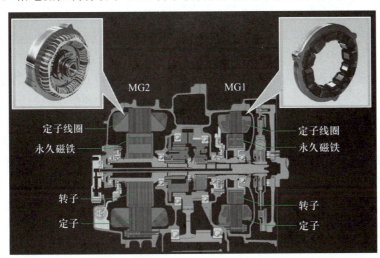

图 3-40　两个电机解剖示意图

MG1、MG2 的参数见表 3-4。

表 3-4　MG1、MG2 的参数

电机名称	MG1	MG2
类型	永磁交流同步电机	永磁交流同步电机
功率 /kW	16	33
最高转速 /（r/min）	6 500	6 000
最大力矩	175 N·m，940 r/min	350～300 N·m，0～1 040 r/min

MG1 作用：通过调节 MG1 的转速来实现发动机在某个高效功率点运行；发动机运行在高效功率点时，随车速的变化，调节 MG1 的转速，实现行星齿轮无级变速的功能；作为电机，起动发动机，把发动机从静止带动到 1 000 r/min 左右，然后发动机喷油点火；在发动机有轴功输出时，MG1 正转，作为发电机，对电池充电和对 MG2 供电；MG1 反转时，则作为电动机，消耗电能。电池 SOC 低时，MG2 则为发电机，对电池充电和对 MG1 供电，这种模式一般发生在等速巡航时。

MG2 作用：纯电模式运行时，作为电动机，独立驱动汽车；汽车加速和需要辅助功率时，作为电动机；汽车中等速度巡航时，发动机输出功率较低，MG1 反转，MG2 作为发电机，对电池充电和对 MG1 供电；制动时发电；倒车时，反转驱动汽车。

6. 铅酸蓄电池

铅酸蓄电池为 12 V，34 A·h 蓄电池，主要给汽车上的电器、控制器提供电能。当铅酸蓄电池电压低时，由 DC-DC 转换器把 300 V 的直流电转换成低压直流电（12 V）

给铅酸蓄电池充电。汽车在准备模式时，给铅酸蓄电池充电，车灯、后窗除霜器、EMPS 和其他电子设备由 DC-DC 转换器供电；在 ACC 模式时，由 HV 蓄电池供电，可持续 15 h；在处于 OFF 模式下，铅酸蓄电池有 75 mA 漏电电流，即使汽车不使用，铅酸蓄电池电量也只能持续大约两个星期。

3.5.3　典型混合动力电动汽车的工况模式

普锐斯有三个动力部件，MG1、MG2 和发动机，一个储能部件是动力蓄电池。通过对这四个部件工作方式的优化控制，使发动机工作在高效区，从而达到降低油耗和改善排放的目的。普锐斯在实际运行中，可分为 8 种工况：起动、起步、加速和上坡、巡航、滑行、制动及起步防后溜、低速纯电驱动和倒车。

1. 起动工况

如图 3-41 和图 3-42 所示，点火钥匙转到 START 挡，MG1 立即带动发动机转速到 1 000 r/min 左右，并开始点火喷油，直至发动机冷却液温度传感器和氧传感器检测数值达到工作范围。同时检测 SOC 状态，如果 SOC 低于其设定的目标值，发动机加大负荷，给 HV 蓄电池充电；如果高于其设定的目标 SOC，则发动机停止运转。此时蓄电池驱动 MG1 作为电动机，带动太阳轮和行星架正向转动（定义顺时针为正，以下同），行星架同发动机刚性连接，因此 MG1 带动发动机正向转动。车不动，外齿圈不动，MG2 也就不动。

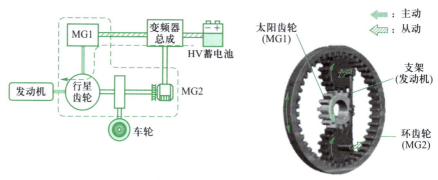

图 3-41　起动前的能量流动

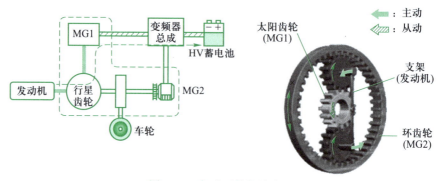

图 3-42　起动后的能量流动

传统汽车在起动电机把发动机带动到转速 300 ~ 400 r/min 时，发动机就开始喷油、点火，但普锐斯要等到发动机转速达到 1 000 r/min 左右，才开始这一过程，发动机转速提升过程在约 1 s 内完成，这样使整个起动过程变得十分平稳。冷起动时，首要任务是暖机。发动机被 MG1 很快地带动到转速 1 000 r/min 左右，开始点火喷油，然后进行快速暖机，暖机转速大约为 1 300 r/min。暖机后，检测 SOC 状态，如果低于目标值，发动机加大负荷进行充电，如果高于目标值，则发动机停止运行。热起动发动机在运行时采用 ON/OFF 策略，即车辆功率需求低于某一特定值时，发动机熄火（如红灯停车或 EV 模式），此时车辆功率由 HV 蓄电池提供；而当 HV 蓄电池 SOC 较低时或功率需求较大时，发动机需要重新起动，即热起动，此时 MG1 立即带动发动机到转速 1 000 r/min 左右，并开始喷油点火。

2. 起步工况

如图 3-43 和图 3-44 所示，起步时，视车况及起步要求分为以下两种情况。

（1）当发动机已热机且 SOC 高时，挂 D 挡，发动机无须起动而直接由 HV 蓄电池驱动 MG2 运行，即 EV 模式运行，此时，由于功率限制，起步加速度不大。

（2）起步加速度要求较大时，轻踩加速踏板，负荷加大，发动机转速升高，但不会太高，因为此时车速为零或很小，如果转速过高，则 MG1 会过速。此时，MG2 处于低速高转矩区，提供大部分起步转矩（电机特性决定）。在此工况下，发动机提供主要的动力，带动行星架正向运行，同时带动太阳轮、外齿圈正向转动。MG1 作为发电机给电池充电，MG2 作为电动机，提供起动转矩。其中，发动机转矩的 72% 分配到齿圈上再传递到车轮，28% 分配到太阳轮上并驱动 MG1 发电，但是大部分的起动转矩来自 MG2。

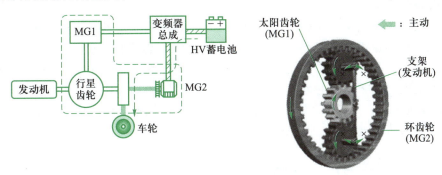

图 3-43 起步工况的能量流动

3. 加速和上坡工况

如图 3-45 所示，在加速条件下，车辆进行加速或爬坡，节气门在一定开度时，ECU 根据既定的控制策略，计算当前实际车况功率需求和 HV 蓄电池 SOC，如果随着加速踏板的不断下踩，发动机转速提高负荷增大，则单独由发动机工作；如果加速踏板踩下较多，发动机单独工作不能满足功率要求，则 HV 蓄电池给电机供电，输出辅助功率。在此工况下，行星架和外齿圈都做正向转动，MG1 作为发机，MG2 作为电动机。当车速上升，MG2 的转速也上升；功率需求较大时，发动机转速上升到一定值，MG1 转速就会下降直至反转到其极限转速。

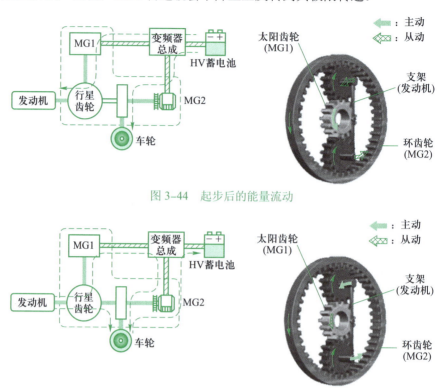

图 3-44   起步后的能量流动

图 3-45   加速和上坡工况的能量流动

4. 巡航工况

如图 3-46 所示，车辆在稳定中低速巡航工况时，需克服风阻和滚阻，功率消耗不大，发动机实际负荷不大，转速不高。当 SOC 低于目标值时，还可能给 HV 蓄电池充电。此时太阳轮可能正转也可能反转，行星架和外齿圈正向转动，MG1 作为发电机，MG2 作为电动机。巡航时能量流动是：MG1 发电经过逆变器转换后给 HV 蓄电池充电，同时 HV 蓄电池给 MG2 提供电能，MG2 输出功率和发动机分配到外齿圈的功率一起输出到车轮。

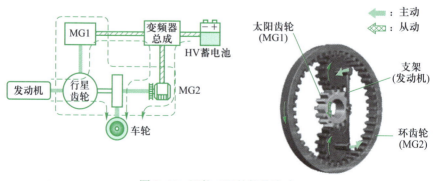

图 3-46   巡航工况的能量流动

5. 滑行工况

如图 3-47 所示，在一定车速下，松开加速踏板，即进入了滑行模式。由于存在滚阻和空阻，车速逐渐下降。传统汽车的发动机此时仍然通过传动系统与车轮相连，带着发动机继续运转，即发动机制动。普锐斯为了产生传统汽车的驾驶感觉，将 MG2 安排作为发电机并为蓄电池充电，通过 MG2 产生的拖拽力来模仿发动机制动。在此工况下，车速高时，太阳轮反向转动，行星架不动或正向转动，外齿圈正向转动，MG1 反转发电，MG2 作为发电机。高速滑行时，MG1 以外齿圈 2.6 倍的速度反向旋转，而 MG2 正向旋转。如果发动机停转，行星架的静止将会导致 MG1 以超过 6 500 r/min 的速度反向旋转。为了防止 MG1 过速，将 MG1 设计作为发电机给蓄电池充电，并使行星架正向转动。

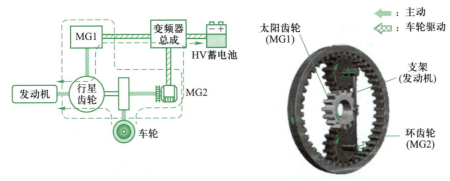

图 3-47　滑行工况的能量流动

6. 制动及起步防后溜工况

如图 3-48 所示，制动时两套系统在工作，一套利用 MG2 进行发动机制动，把车辆动能转化为电能给蓄电池充电；另一套同传统汽车一样，当制动踏板踩下较多时，多余的能量通过液压回路对车轮进行摩擦制动消耗。由于没有离合器，车速较高时，为了使 MG1 不过速，发动机设计成正向运转，但不喷油点火。在此工况下，较高转速时，太阳轮反向转动，为了防止 MG1 反向过速，发动机正向旋转；较低速时，发动机熄火，行星架不动，外齿圈正向转动。MG1 是否发电与蓄电池 SOC 有关，MG2 作为发电机。在传统汽车中，通过液压回路对车轮

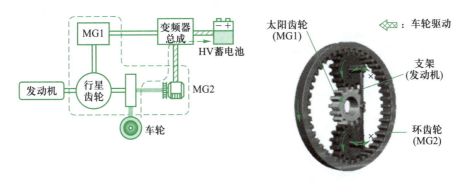

图 3-48　制动及起步防后溜工况的能量流动

进行摩擦制动。普锐斯除了配备与此完全相同的制动系统外，还有一套完全不同的再生制动系统，即制动力为液压制动力与再生制动力之和。制动时，MG2 将产生更强的动力，并以更大的拖拽力使车辆减速，同时将制动产生的能量储存于 HV 蓄电池中。

7. 低速纯电驱动工况

如图 3-49 所示，车速较低且 SOC 较高时，发动机无须起动，HV 蓄电池提供能量，由电机驱动车辆运行。此时太阳轮反向转动，行星架不动，外齿圈正向转动。MG1 自由反转，MG2 作为电动机，纯电驱动工况的动力源为 HV 蓄电池，MG2 把转矩加在外齿圈从而作用在车轮上，发动机不工作，MG1 自由反转。纯电驱动模式与 HV 蓄电池 SOC 相关，如果 SOC 低，纯电驱动模式的最高车速就低，反之最高车速就高些；纯电驱动模式运行一段时间后，HV 蓄电池 SOC 会下降，降到一定程度，发动机会重新起动给 HV 蓄电池充电，于是纯电驱动模式结束。发动机起动给 HV 蓄电池充电，车辆是静止的，外齿圈也是静止的，之后车辆就会运动，外齿圈不再静止。发动机起动时，MG1 由反转变成正转，带动发动机到怠速以上的转速，这个过程非常短暂，不到 1 s。

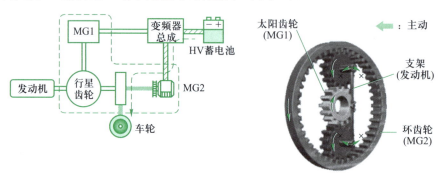

图 3-49   低速纯电驱动工况的能量流动

8. 倒车工况

如图 3-50 所示，倒车时发动机关闭，采用纯电动模式。但如果 HV 蓄电池 SOC 很低，发动机会持续运行，MG1 发电给蓄电池充电，MG2 倒转，提供倒车所需的驱动力。此时太阳轮正向转动，行星架不动，外齿圈反向转动。MG1 自由转动，MG2 作为电动机。普锐斯混合动力系统没有倒车齿轮，所以发动机不能驱动车辆倒车，它只能通过 MG2 驱动倒车。此时 MG2 反转，行星齿轮的外齿圈随之反向转动，和发动机相连的行星架不动，于是太阳轮就会带动 MG1 正向转动。MG1 自由正转，既不消耗也不提供能量，为了防止 MG1 超速，倒车速度会受到限制。如果倒车时 HV 蓄电池 SOC 很低，那么发动机可能起动，这时倒车速度将不再受限制，因为此时 MG2 可利用 MG1 的能量为 HV 蓄电池充电。

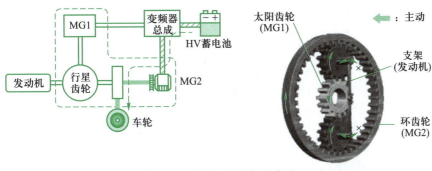

图 3-50 倒车工况的能量流动

▶ **拓展阅读**

普锐斯作为世界首款量产的混合动力电动汽车，它改变了人们基于传统汽车的评判标准。通过油电混合动力系统将汽油发动机与电机进行组合，在达成高水平的燃油经济性和环保性能的前提下，实现了出色的动力性。在城市工况下，排量为1.5 L 的普锐斯达到了相当于 2.0 L 传统车型的动力性能，而油耗仅相当于 1.0 L 的传统车型。

▶ **搜一搜 / 想一想**

通过学习，分析一下丰田普锐斯在未来技术发展的趋势是什么？

3.6 典型混合动力电动汽车简介

如今，混合动力电动汽车发展很快，国内外各大汽车制造商都在研究混合动力电动汽车，现介绍一些典型混合动力汽车车型。

3.6.1 比亚迪 2017 款 1.5T 秦 100

比亚迪秦如图 3-51 所示，在国内新能源汽车领域上市较早，2013 年上市至今在国内外闯出了不少名气。新能源汽车伴随着电池技术日新月异的发展，产品的更新速度正在加快，2017 年初，比亚迪秦插电式混动车型迎来了一次重要的升级——秦 100 上市。新车型的纯电续航里程从 2015 款双冠旗舰版的 70 km 提升至100 km，虽然续航里程仅增加了"微不足道"的 30 km，但是油耗上是从每 100 km 1.6 L降低至每 100 km 1.2 L（工信部数据）的明显进步。

比亚迪秦 100 采用油电混合式动力驱动，如图 3-52 所示，换装全新三元锂电池后，纯电动续航里程能达到 100 km。比亚迪秦 100 1.5 T 发动机最大功率为 113 kW，电机最大功率为 110 kW，两者相互配合可产生 217 kW 的总功率和 479 N·m 的最大转矩。比亚迪秦 100 发动机匹配 6 挡双离合变速器，从数据上来看，比亚迪秦

100 的动力参数强劲。

图 3-51　比亚迪秦

图 3-52　比亚迪秦动力系统的布置

　　比亚迪将这套 1.5T 发动机（图 3-53）和 6 挡双离合变速器的动力总成命名为 TID，T：Turbo Charging（涡轮增压），I：Direct Injection（缸内直喷），D：Dual Clutch Transmission（双离合变速器）。这样的组合与大众车型的动力总成非常相似。

图 3-53　比亚迪秦 100 1.5T 发动机

由于采用了缸内直喷系统，比亚迪秦 100 1.5T 发动机能够根据吸入的空气量更精确地匹配喷油量和喷油时间，从而在原理上比歧管喷射（多点电喷）的方式要进一步降低油耗，提高发动机的功率，比亚迪秦 100 1.5T 发动机参数见表 3-5。水冷式中冷器能够更好地优化发动机的热管理系统。另外，铝合金缸体相比普通的钢铁在轻量化方面要更具有优势。总之，这台发动机的硬件配置在当时的国产品牌中是比较出众的。

表 3-5　比亚迪秦 100 1.5 T 发动机参数

发动机排量 /mL	1 497
缸径 × 行程 /mm	76×81.4
压缩比	—
最大功率 kW/（r/min）	113/5 200
最大转矩 N·m/（r/min）	240/1 750 ～ 3 500
喷油方式	缸内直喷

比亚迪秦 100 此次升级最大的变化在于其电池组由磷酸铁锂电池更换为三元锂电池，继而最大纯电续航里程由 70 km 提升至 100 km，与其命名方式相符。图 3-54 所示为比亚迪秦 100 动力电池布置图。

图 3-54　比亚迪秦 100 动力电池布置图

比亚迪秦 100 换装三元锂电池后，电池组呈 "T" 形布置在车辆底盘中央，使车辆重心更低，电池组可利用的空间更大。

比亚迪对磷酸铁锂电池的开发基本已经处于饱和状态，而三元锂电池不同。就目前来说，比亚迪秦 100 搭载的电池组还有很大的调整空间，未来可以在不改变电池组重量的前提下提升电池性能，增加车辆纯电续航里程。

对比亚迪秦 100 进行节油测试，将车辆充至满电，并将电池剩余电量的数值调至 15%（可调范围为 15% ～ 70%）时发动机介入，发动机介入工作后结算里程，最终结果是以 85% 纯电行驶 108 km 告终。

虽然续航目标完成了，但是建立在测评人员试驾车辆全程在高速道路，保持 60 km/h 匀速行驶的结果，由于节油测试工况较为特殊，所以结果仅供参考。除了传统燃油汽车有节油的驾驶技巧外，电动汽车所特有的驾驶技巧也可以增加续驶里程。

电动汽车想要达到更高的续驶里程，除了谨慎地控制加速踏板踩下幅度外，善用车辆的能量回收系统也是关键。在城市路段驾驶时，尽量利用能量回收系统提供的制动效果代替制动，这样能在减速的同时回收能量；而高速驾驶时，依靠下坡路的惯性不断调节加速踏板踩下幅度，控制能量回收的力度，可以保证不降低车速的情况下回收能量。

在测评人员结束续航测试后，发动机介入工作，此时由于电池组电量较低，发动机转速保持在 2 000 r/min 左右，为车辆提供动力的同时向电池组充电。在车速提升至 100 km/h 巡航时，油耗为每 100 km 3.2 L，电量消耗为 0.8 kW·h，油耗表现值得肯定，相信在满电状态下油耗表现会更好。

3.6.2　卡罗拉双擎

1997 年，丰田推出了全球首款混合动力车型普锐斯，但在那时人们还没有如今这么强烈的环保意识，混动车型充其量就算个新鲜事物。但随着丰田 THS 技术和普锐斯车型的发展，普锐斯在美国市场的销量也随着时代的进步而节节攀升，成为省油环保的高性价比车型。但在国内，普锐斯车型乏人问津。而卡罗拉双擎（图 3-55）的出现改变了国内混动车型的格局。

图 3-55　卡罗拉双擎

在配置方面，卡罗拉双擎车型继承了丰田的传统，全系标配头部气囊（气帘）、前排侧气囊、无钥匙起动系统、行车 ECU 显示屏、座椅高低调节、LED 远 / 近光灯、前照灯高度可调、车内氛围灯、电动后视镜、后视镜加热和自动空调。

卡罗拉双擎这套油电混合动力系统（图 3-56）由一台排量为 1.8 L 的阿特金森循环发动机、混合动力驱动桥、PCU 以及电池组构成，其主要参数见表 3-6。这台型号为 8ZR 的 1.8 L 阿特金森循环发动机，与常见的奥托循环发动机相比，可以达到更高的热效率，所以燃油经济性会更好，但由于存在低转速转矩差的问题，在传统燃油车当中并没有得到广泛应用，不过在混合动力车型里，有了电机的辅助，就真正能做到扬长避短，带来更好的燃油经济性。

图 3-56 卡罗拉双擎混合动力系统的布置

表 3-6 卡罗拉双擎动力参数

发动机形式	1.8 L 直列四缸自然吸气发动机
供油方式	多点电喷
压缩比	13
最大功率	73 kW（5 200 r/min）
最大转矩	142 N·m（4 000 r/min）
变速器形式	E-CVT 无级变速器
工信部油耗（L/100km）	4.2
电机类型	永磁同步电机
电机最大功率	53 kW
电机最大转矩	207 N·m
电池容量	6.5 A·h
电池保修年限	8 年或 20 万 km
电池类型	镍氢蓄电池

卡罗拉双擎能实现一定里程的纯电续航，而整个动力总成的工作逻辑在于，在拥堵或发动机低效率运转的工况下，主要由电机驱动，减少发动机的运转时间，使得起动发动机时就维持在高效率区间内运转。当驾驶人发出强动力需求信号后，发动机和电机可以协同工作，提供更强的动力。

另外在车辆滑行减速阶段，驾驶人通过换挡拨片可以调节动能回收的力度，这样可以优先让动能转化为电能，从而减少动能转化为热能的比例。

得益于更完善的动能管理系统，卡罗拉双擎的工信部综合油耗为 4.2 L/100 km，而专业测试网站测得的平均油耗为 5.6 L/100 km。并且对于卡罗拉双擎车型来说，越是拥堵的路段越能发挥其优势，反倒是高速巡航工况对其燃油经济性最为不利。

卡罗拉双擎采用了前独立悬架、后非独立悬架的设计，虽然采用了扭力梁，但属于非独立悬架，卡罗拉双擎底盘及转向参数见表 3-7。

表 3-7 卡罗拉双擎底盘及转向参数

驱动方式	前置前驱
助力类型	电动助力
前悬架类型	麦弗逊式独立悬架
后悬架类型	扭力梁式非独立悬架

3.6.3 吉利博瑞 GE MHEV

吉利博瑞 GE MHEV（图 3-57）是国内首款搭载 48 V 轻混动系统的车型，其他搭载 48V 轻混动系统的车型都是奔驰 CLS 级和奥迪 A8L 之类的豪华型轿车。

图 3-57 吉利博瑞 GE MHEV

博瑞 GE MHEV 的配置十分丰富，全系标配前排侧气囊、自动驻车、远程起动发动机、感应行李舱、皮质转向盘、倒车视频影像、定速巡航、无钥匙进入 / 起动系统、皮质座椅、车载 Wi-Fi、手机互联 / 映射、LED 远 / 近光灯、自动前照灯、后视镜加热、雨量感应刮水器和自动空调等配置，基本覆盖到了日常行车中的实用性功能。

博瑞 GE MHEV 车型全系搭载了吉利和沃尔沃联合研发的一款三缸 1.5 T 涡轮增压发动机，其最大功率为 132 kW（5 500 r/min），最大转矩为 265 N·m（1 500 ~ 4 000 r/min），具体参数见表 3-8。

表 3-8 吉利博瑞 GE MHEV 动力参数

发动机形式	1.5 L 直列三缸涡轮增压发动机
供油方式	直喷
最大功率	132 kW（5 500 r/min）
最大转矩	265 N·m（1 500 ~ 4 000 r/min）
变速器形式	7 挡双离合变速器
工信部油耗（L/100 km）	5.8

博瑞 GE MHEV 车型所搭载的这套 48 V 轻混系统（图 3-58），简单来说就是目前主流的 12 V 汽车电气系统升级之后的版本。区别在于，在这套系统上，12 V 蓄电池不再为车辆的起动机供电，取而代之的是 48 V 锂电池和 BSG 电机。而之所以要采用这套轻混动系统的原因就是要降低油耗。

首先，虽然搭载 48 V 轻混系统的车型并不能实现纯电行驶，但其主要作用是为汽油机的低效率工况额外提供动力，比如起动、加速阶段。其次，可以更大限度地实现起停功能，这也在一定程度上提升了燃油经济性。最后，搭载 48 V 轻混系统以后，车辆就有了动能回收能力，滑行阶段浪费掉的动能可以被转化为电能储存在电池里，以便随时满足车内设备的供电。在这样一套轻混系统的支持下，博瑞 GE MHEV 的工信部油耗成绩为 5.8 L/100 km，而实测的油耗水平为 5.5 L/100 km。

在传动方面，博瑞 GE MHEV 采用了同样自主研发的 7 挡双离合变速器，前后均为独立悬架，底盘和转向参数见表 3-9。

图 3-58 博瑞 GE MHEV 车型所搭载的 48 V 轻混动系统布置图

表 3-9 博瑞 GE MHEV 底盘和转向参数

驱动方式	前置前驱
助力类型	电动助力
前悬架类型	双叉臂式独立悬架
后悬架类型	多连杆式独立悬架

▶ 拓展阅读

与西方国家政府首先考虑环保因素不同，对中国政府而言，发展新能源汽车更多关系到能源安全。随着汽车保有量的增加，中国政府面临严重的石油短缺压力，中国的石油对外依存度已经超过 50%，而且这一比例还在不断提高中，发展纯电动汽车在中国更加紧迫。混合动力技术再成熟，总是要烧油的，而纯电动汽车不需要消耗石油。与石油供应相比，中国的电力供应相对好得多。纯电动汽车白天行驶，晚上充电，正好可以平抑中国的峰谷电差。有分析认为，中国每天的峰谷电差可以满足 4 000 万辆电动汽车充电的需求。

▶ **搜一搜 / 想一想**

通过前面几章的学习，分别总结出纯电动汽车和混合电动动力汽车发展的优势和遇到的瓶颈是什么？

🚗 **巩固与提高**

一、填空题

1. 混合动力电动汽车一般由＿＿＿＿、＿＿＿＿、＿＿＿＿、储能装置、功率转换装置和控制装置等组成。

2. 根据混合动力驱动系统的连接方式，混合动力驱动系统主要分为＿＿＿＿、并联式和＿＿＿＿三类。

3. 根据我国汽车行业标准中对混合动力电动汽车的分类和定义，按照电机峰值功率占发动机功率百分比多少分为＿＿＿＿、＿＿＿＿、中混和重混。

4. 按能否外接电源进行充电，混合动力电动汽车分为＿＿＿＿和＿＿＿＿混合动力。

5. 串联式混合动力电动汽车的典型工作模式有：＿＿＿＿、＿＿＿＿、混合驱动、行车充电、＿＿＿＿和＿＿＿＿等。

二、思考题

1. 并联式混合动力电动汽车的典型工作模式有哪些？
2. 混联式混合动力电动汽车的典型工作模式有哪些？
3. 混联式混合动力电动汽车与串联式混合动力电动汽车相比有哪些特点？
4. 插电式混合动力电动汽车的特点有哪些？
5. 你能说出几种混合动力电动汽车的车型？

第 4 章　▶▶▶
....

燃料电池电动汽车

4.1 燃料电池电动汽车的类型和结构原理

采用燃料电池作为电源的电动汽车称为燃料电池电动汽车，其一般以质子交换膜燃料电池作为车载能量源。

4.1.1 燃料电池

1. 燃料电池的发电原理

燃料电池按电化学原理将化学能转化成电能，但是它的工作方式却与内燃机相似。它在工作（即连续稳定的输出电能）时，必须不断地向电池内部送入燃料与氧化剂（如氢气和氧气）；与此同时，它还要排出与送入量相等的反应产物，如氢氧燃料电池中所生成的水。目前燃料电池的能量转换效率仅达到 $40\%\sim 60\%$，为了保证电池工作温度的恒定，必须将废热排出去。如果有可能，还要将该热能加以再利用，如高温燃料电池可与各种发电装置组成联合循环，以提高燃料的利用率。

如图 4-1 所示，燃料电池的核心是涂有铂催化剂的弹性塑料膜（电解质膜），铂催化剂把氢气转化为质子和电子，只有质子可以通过电解质膜，与膜另一侧的氧结合生成水，而电子在闭合的外电路中形成电流。

燃料电池电动汽车路试时可以达到 $40\%\sim 50\%$ 的能量转换效率（普通汽车只有 $10\%\sim 16\%$）。燃料电池电动汽车总效率比混合动力汽车要高。燃料电池电动汽车仅排出热和水，是高效、环境友好的清洁汽车。燃料电池可替代石油能源，减轻石油危机的影响。

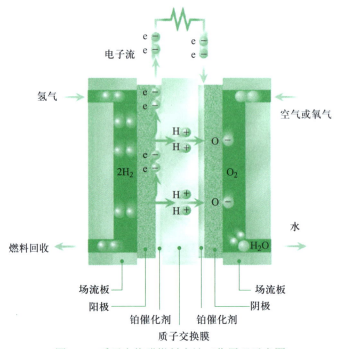

图 4-1 质子交换膜燃料电池工作原理示意图

2. 燃料电池的分类

按电解质划分，燃料电池大致可分为五类，即质子交换膜燃料电池（PEMFC）、碱性燃料电池（AFC）、磷酸燃料电池（PAFC）、熔融的碳酸盐燃料电池（MCFC）和固态氧化物燃料电池（SOFC）。

五种类型燃料电池对比见表 4-1。

表 4-1 五种类型燃料电池对比

类型	电解质	导电离子	工作温度 /℃	燃料	氧化剂
质子交换膜燃料电池	质子交换膜	H^+	$80 \sim 100$	氢气、重整氢	空气
碱性燃料电池	KOH	OH^-	80	纯氢	纯氧
磷酸燃料电池	H_3PO_4	H^+	200	重整气	空气
熔融的碳酸盐燃料电池	Na_2CO_3	CO_3^{2-}	650	净化煤气、天然气、重整气	空气
固体氧化物燃料电池	$ZrO_2-Y_2O_3$	O^{2-}	1 000	净化煤气、天然气	空气

1）质子交换膜燃料电池

质子交换膜燃料电池的关键材料与部件为：电催化剂、电极（阴极与阳极）、质子交换膜、双极板。工作时，氢在阳极被转变成氢离子的同时释放出电子，电子通过外电路回到电池阴极，与此同时，氢离子则通过电池内部高分子电解质膜到达阴极。在阴极，氧气转变为氧原子，氧原子得到从阳极传过来的电子变成氧离子，和氢离子结合生成水。

2）碱性燃料电池

碱性燃料电池是技术发展最快的一种电池，电池的设计方式与质子交换膜燃料电池相似，但其使用的电解质为水溶液或稳定的氢氧化钾基质。

3）磷酸燃料电池

磷酸燃料电池是当前商业化发展得最快的一种燃料电池。使用液体磷酸为电解质。磷酸燃料电池的工作温度为 150～200℃，但仍需电极上的铂催化剂来加速反应。由于其工作温度较高，所以其阴极上的反应速度要比质子交换膜燃料电池的速度快，且较高的工作温度也使其对杂质的耐受性较强。磷酸燃料电池的效率比其他燃料电池低，约为 40%，其加热的时间也比质子交换膜燃料电池长。磷酸燃料电池优点是构造简单，稳定，电解质挥发度低等。磷酸燃料电池可作为公共汽车所使用的电池。

4）熔融的碳酸盐燃料电池

熔融的碳酸盐燃料电池与上述讨论的燃料电池差异较大，这种电池不是使用溶化的锂钾碳酸盐就是使用锂钠碳酸盐作为电解质。当温度加热到650℃时,这种盐就会溶化,产生碳酸根离子,从阴极流向阳极,与氢结合生成水、二氧化碳和电子。电子通过外部回路返回到阴极,从而完成循环发电。

5)固态氧化物燃料电池

固态氧化物燃料电池工作温度高,工作温度为800～1 000℃。在这种燃料电池中,当氧离子从阴极移动到阳极时,氧化燃料气体(主要是氢和一氧化碳的混合物)便产生电能量,即在阳极生成电子,电子通过外部电路移动返回阴极,减少进入的氧,从而完成循环发电。

3. 燃料电池的特点及应用

1)燃料电池的特点

① 能量密度大,比能量可达到200 W·h·kg^{-1}左右。

② 一般在常温条件下运行,当温度在80℃左右易于快速起动。燃料电池减少了温度对电池材料的影响,提高了电池性能,延长了电池的使用寿命。

③ 可以连续不断地工作,适合部分负荷特性的要求,这些优越的性能为质子交换膜燃料电池在燃料电池电动汽车上的使用带来了很大便利。

④ 燃料电池单体电池的电压高,是电动汽车较理想的一种电源,有利于减小电动车辆的整备质量和降低电动车辆的使用费用。

燃料电池的燃料有氢气、甲醇和汽油三种。根据燃料电池的发电原理,氢气是最理想的燃料,原因是氢气可以直接参与电化学反应。氢气燃料电池的产物只有洁净的水蒸气,对环境不会造成任何污染。

2)燃料电池的应用

燃料电池作为移动式电源的应用领域分为两大类:一是可用作便携式电源、小型移动电源和车载电源等,适用于军事、通信和计算机等领域,以满足应急供电和高可靠性、高稳定性供电的需要,实际应用是手机电池、笔记本计算机等便携电子设备、军用背负式通信电源、卫星通信车载电源等;二是用作自行车、摩托车和汽车等交通工具的动力电源,以满足环保领域对车辆排放的要求。从目前发展情况看,质子交换膜燃料电池是技术最成熟的电动汽车动力电源。

4.1.2 燃料电池电动汽车的类型和结构原理

1. 燃料电池电动汽车的类型

燃料电池电动汽车(Fuel Cell Electric Vehicle,FCEV)按燃料特点可分为直接燃料电池电动汽车和重整燃料电池电动汽车。

直接燃料电池电动汽车的燃料主要是氢气,重整燃料电池电动汽车的燃料主要有汽油、天然气、甲醇、甲烷和液化石油气等。直接燃料电池电动汽车排放无污染,被认为是最理想的汽车,但存在氢的制取和储存困难等缺点;重整燃料电池电动汽车的结构比直接燃料电池电动汽车复杂得多。

燃料电池电动汽车按燃料氢的储存方式可分为压缩氢燃料电池电动汽车、液氢燃料电池电动汽车和合金(碳纳米管)吸附氢燃料电池电动汽车。

　　燃料电池电动汽车按"多电源"的配置不同，可分为纯燃料电池驱动（PFC）的燃料电池电动汽车、燃料电池与辅助蓄电池联合驱动（FC+B）的燃料电池电动汽车、燃料电池与超级电容联合驱动（FC+C）的燃料电池电动汽车以及燃料电池与辅助蓄电池和超级电容联合驱动（FC+B+C）的燃料电池电动汽车。

　　1）纯燃料电池驱动（PFC）的燃料电池电动汽车

　　纯燃料电池驱动的燃料电池电动汽车只有燃料电池一个动力源，汽车的所有功率负荷都由燃料电池承担，纯燃料电池驱动的燃料电池电动汽车的动力系统如图4-2所示。

图 4-2　纯燃料电池驱动的燃料电池电动汽车的动力系统

　　燃料电池驱动系统将氢气与氧气反应产生的电能通过总线传给驱动电机，驱动电机将电能转化为机械能再传给传动系统，从而驱动汽车行驶。这种系统结构简单，系统控制和整体布置容易；系统部件少，有利于整车的轻量化；整体的能量传递效率高，从而提高了整车的燃料经济性。但燃料电池功率大、成本高，对燃料电池驱动系统的动态性能和可靠性提出了很高的要求，而且不能进行制动能量回收。

　　因此，为了有效解决上述问题，必须使用辅助能量储存系统作为燃料电池系统的辅助动力源，与燃料电池联合工作，组成混合驱动系统共同驱动汽车。从本质上来讲，这种结构的燃料电池电动汽车采用的是混合动力结构，它与传统意义上的混合动力结构的差别仅在于发动机是燃料电池而不是内燃机。在燃料电池混合动力结构汽车中，燃料电池和辅助能量储存装置共同向驱动电机提供电能，通过变速机构来驱动汽车。

　　2）燃料电池与辅助蓄电池联合驱动（FC+B）的燃料电池电动汽车

　　燃料电池与辅助蓄电池联合驱动的燃料电池电动汽车的动力系统如图4-3所示。该结构是一个典型的串联式混合动力结构。在该动力系统结构中，燃料电池和蓄电池一起为驱动电机提供能量，驱动电机将电能转化成机械能传给传动系统，从而驱动汽车行驶；在汽车制动时，驱动电机变成发电机，蓄电池将储存回收的能量。在燃料电池和蓄电池联合供能时，燃料电池的能量输出变化较为平缓，随时间变化波动较小，而能量需求变化的高频部分由蓄电池分担。

　　这种结构由于增加了比功率价格相对低廉得多的蓄电池组，系统对燃料电池的功率要求较纯燃料电池驱动结构对燃料电池的功率要求有很大的降低，从而大大地降低了整车成本；燃料电池可以在比较好的设定工作条件下工作，工作时燃料电池的效率较高；系统对燃料电池的动态响应性能要求较低；汽车的冷起动性能较好；制动能量回收可以回收汽车制动时的部分动能，该措施可能会增加整车的能量效率。但这种结构形式由于蓄电池的使用使整车的质量增大，动力性和经济性受到影响，这一点在能量复合型混合动力汽车上表现更为明显；蓄电池充放电过程会有能量损耗；系统变得复杂，系统控制和整体布置难度增加。

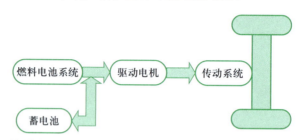

图 4-3   燃料电池与辅助蓄电池联合驱动的燃料电池电动汽车的动力系统

3）燃料电池与超级电容联合驱动（FC+C）的燃料电池电动汽车

燃料电池＋超级电容的结构与燃料电池＋蓄电池结构相似，只是把蓄电池换成超级电容。相对于蓄电池，超级电容充放电效率高，能量损失小，功率密度大，在回收制动能量方面比蓄电池有优势，循环寿命长，但是超级电容的能量密度较小。随着超级电容技术的不断进步，这种结构将成为重要研究方向。

4）燃料电池与辅助蓄电池和超级电容联合驱动（FC+B+C）的燃料电池电动汽车

燃料电池与蓄电池和超级电容联合驱动的电动汽车的动力系统如图 4-4 所示，该结构也为串联式混合动力结构。在该动力系统结构中，燃料电池、蓄电池和超级电容一起为驱动电机提供能量，驱动电机将电能转化为机械能传给传动系统，从而驱动汽车行驶；在汽车制动时，驱动电机变成发电机，蓄电池和超级电容将储存回收的能量。在燃料电池、蓄电池和超级电容联合供能时，燃料电池的能量输出较为平缓，随时间变化波动较小，而能量需求变化的低频部分由蓄电池承担，能量需求变化的高频部分由超级电容承担。在这种结构中，各动力源的分工更加明确，因此它们的优势也得到了更好的发挥。

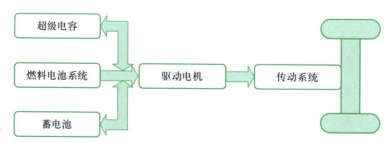

图 4-4   燃料电池与蓄电池和超级电容联合驱动的电动汽车的动力系统

这种结构相比燃料电池＋蓄电池的结构形式其优点更加明显，尤其是在部件效率、动态特性和制动能量回收等方面。但缺点也同样更加明显，增加了超级电容，整个系统的质量将可能增大；系统更加复杂，系统控制和整体布置的难度也随之增大。

总的来说，如果能够对系统进行很好的匹配和优化，这种结构带来的汽车良好的性能具有很大的吸引力。

在三种混合驱动结构中，FC+B+C 组合被认为能够最大限度满足整车的起动、加速、制动的动力和效率需求，但成本最高，结构和控制也最为复杂。目前燃料电池电动汽车动力系统的一般结构是 FC+B 组合，这是因为它具有以下特点。

（1）燃料电池单独或与蓄电池共同提供持续功率，且在车辆起动、爬坡和加速等需求峰值功率时，蓄电池提供峰值功率。

（2）在车辆起步时和功率需求不大时，蓄电池可以单独输出能量。

（3）蓄电池技术比较成熟，可以在一定程度上弥补燃料电池技术上的不足。

2. 燃料电池电动汽车的结构原理

燃料电池电动汽车与普通燃油汽车相比，其外形和内部空间几乎没有什么区别，不同之处在于动力系统。燃料电池电动汽车动力系统的基本组成部分如图 4-5 所示。

图 4-5　燃料电池电动汽车动力系统的基本组成部分

1）直接燃料电池汽车

典型直接燃料电池汽车动力系统的基本构成如图 4-6 所示。

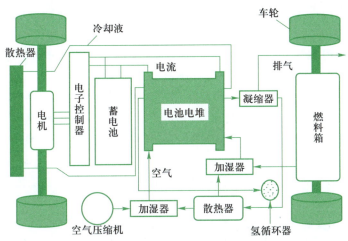

图 4-6　典型直接燃料电池汽车动力系统的基本构成

（1）燃料电池系统

燃料电池系统的核心是燃料电池电堆，此外，还配备了氢气供给系统、氧气供给系统、气体加湿系统、水循环及反应物生成处理系统等，用以确保燃料电池电堆正常工作。

① 氢气供给系统：氢气供给系统的功能包括氢的储存、管理和回收。由于气态氢需要采用高压的方式储存，因此，储氢气瓶必须具有较高的品质。储氢气瓶的容量决定了一次充氢的行驶里程。轿车一般采用 2 ～ 4 个高压储氢气瓶，大客车上通常采用 5 ～ 10 个高压储氢气瓶来储存所需的氢气。

液态氢比气态氢需要更高的压力进行储存，而且要保持低温，因此在使用液态氢时对储氢气瓶的要求更高，还需要有较复杂的低温保温装置。不同的储氢压力，需要采用相应的减压阀、调压阀、安全阀、压力表、流量表、换热器、传感器及管路等组成氢气供给系统。从燃料电池电堆排出的水中含有少量的氢，可通过氢气循环器将其回收。

② 氧气供给系统：氧气有以纯氧的方式供给和从空气中供给两种供给方式。当以纯氧的方式供给时，需要用氧气罐；当从空气中获得氧气时，需要用压缩机来提高压力，以确保供氧量，从而提高燃料电池反应的速度。空气供给系统除了需要有体积小、效率高的空气压缩机外，还需配备相应的空气阀、压力表、流量表及管路，并对空气进行加湿处理，以确保空气具有一定的湿度。

③ 水循环系统：在燃料电池反应过程中，会产生水和热量，需要通过水循环系统中的凝缩器加以冷凝并进行气水分离处理，部分水可用于反应气体的加湿。水循环系统还用于燃料电池的冷却，以使燃料电池保持在正常的工作温度。

（2）辅助蓄能装置

混合式燃料电池电动汽车还配备了辅助蓄能装置。辅助蓄能装置可采用蓄电池、超级电容和飞轮电池中的一种，与燃料电池组成双电源的混合动力系统，或采用蓄电池 + 超级电容、蓄电池 + 飞轮电池与燃料电池组成三电源系统。

燃料电池电动汽车配备辅助蓄能装置的作用如下。

① 在燃料电池电动汽车起动时，由辅助蓄能装置提供电能，带动燃料电池起动或带动车辆起步。

② 在燃料电池电动汽车运行过程中，当燃料电池输出的电能大于车辆驱动所需的能量时，辅助蓄能装置可用于储存燃料电池剩余的电能。

③ 在燃料电池电动汽车加速和爬坡时，辅助蓄能装置可协助供电，以弥补燃料电池输出功率的不足，使电机获得足够的电能，产生满足车辆加速和爬坡所需的电磁转矩。

④ 向车辆的各种电子设备、电器提供工作所需的电能。

⑤ 在车辆制动时，将驱动电机转换为发电机工作状态，将车辆的动能转换为电能，并向辅助蓄能装置充电，以实现车辆制动时的能量回收。

（3）驱动电机

驱动电机用于将电源所提供的电能转换为电磁转矩，并通过传动装置驱动车辆行驶。与纯电动汽车和混合动力电动汽车一样，燃料电池电动汽车用驱动电机也可采用直流有刷电机、交流异步电机、交流同步电机、永磁无刷直流电机和开关磁阻电机等。

不同类型的电机具有不同的性能特点。燃料电池电动汽车通常是结合整车的开发目标，综合考虑各种电机的结构与性能特点，以及电机的驱动控制方式及控制器结构特点等，选择适宜的驱动电机。

（4）电子控制系统

直接燃料电池电动汽车的电子控制系统包括燃料电池系统控制、DC-DC 转换器控制、辅助蓄能装置能量管理、电机驱动控制以及整车协调控制等控制功能模块，各控制功能模块通过总线连接在一起，如图 4-7 所示。

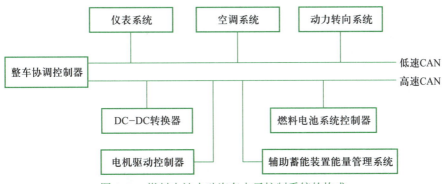

图 4-7　燃料电池电动汽车电子控制系统的构成

① 燃料电池系统控制器：燃料电池系统控制器用来控制燃料电池的燃料供给与循环系统、氧化剂供给系统、水 / 热管理系统，并协调各系统工作，以使燃料电池系统能持续向外供电。

② DC-DC 转换器：控制 DC-DC 转换器用于改变燃料电池的直流电压，由电子控制器控制。电子控制器的作用是通过调节 DC-DC 转换器的输出电压，将燃料电池电堆较低的电压上升至电机所需的电压。DC-DC 转换器的作用不仅是升压和稳压，在工作时，通过控制器的实时调节可使其输出电压与蓄电池的电压相匹配，协调燃料电池和蓄电池负荷，起限制燃料电池最大输出电流和最大功率的作用，以避免燃料电池因过载而损坏。

③ 辅助蓄能装置能量管理系统：辅助蓄能装置能量管理系统对蓄电池的充电状态、放电状态和存电状态等进行监控，使辅助蓄能装置能正常起作用，实现车辆在起动、加速和爬坡等工况下的协助供电，并且在车辆运行时储存燃料电池剩余电能，实现汽车制动时的能量回收。蓄电池能量管理系统通过对蓄电池电压、电流和温度等参数的监测，还可以实现蓄电池的过充电、过放电控制，进行蓄电池荷电状态的估计与显示。

④ 电机驱动控制器：电机的类型不同，其控制系统的电路结构与工作原理也有所不同。总体上，电机驱动控制器的主要控制功能有电机的转速与转矩调节、电机工作模式控制（设有制动能量回收的电动汽车）、电机过载保护控制等。

⑤ 整车协调控制器：整车协调控制器基于设定的控制策略对各控制功能模块进行协调控制。一方面，控制器根据加速踏板位置传感器、制动踏板位置传感器、挡位开关送入的电信号判断驾驶人的驾车意图并输出控制信号，通过相关的控制功能模块实现车辆的行驶工况控制，另一方面，控制器根据相关传感器和开关输入的电信号，获取车速、电机转速、是否制动、蓄电池和燃料电池的电压和电流等信息，判断车辆的实际行驶工况和动力系统的状况，并按设定的多电源控制策略输出相应的控制信号，通过相应的功能模块实现能量分配调节控制。此外，整车协调控制还包括整车故障自诊断功能。

直接以纯氢作为燃料的电动汽车对储氢装置的要求较高。但与重整燃料电池电动汽车相比，直接燃料电池电动汽车的结构简单、重量轻、能量效率高、成本低。因此，目前的燃料电池电动汽车大部分以纯氢作为车载氢源。

2）重整燃料电池电动汽车

（1）动力系统的构成

重整燃料电池电动汽车与直接燃料电池电动汽车的主要区别在于使用汽油、天然气、甲醇、甲烷、液化石油气等燃料，在汽车上通过重整器产生氢，再将氢提供给燃料电池电堆。重整燃料电池电动汽车动力系统的基本组成如图4-8所示。

重整燃料电池系统中的氧气供给及管理系统、反应生成的水/热量处理系统及电力管理系统等与直接燃料电池系统基本相同，只是增加了重整器、加热器、CO转换器与CO净化器等装置，用以将汽油、天然气、甲醇、甲烷和液化石油气等燃料转换为纯氢。

（2）重整燃料电池电动汽车氢气产生的过程

重整燃料电池电动汽车采用的燃料不同，其制氢过程（重整技术）也会有所不同。

① 车载醇类制氢过程：醇类燃料（甲醇、乙醇、二甲醚等）的车载制氢过程大体相同，均需经重整、变换、一氧化碳脱除等几个步骤。以甲醇作为燃料的车载制氢过程如图4-9所示。

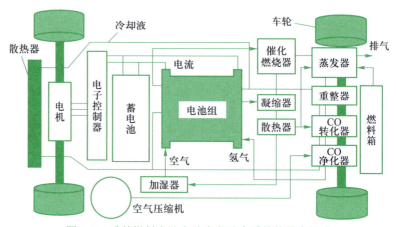

图4-8　重整燃料电池电动汽车动力系统的基本组成

储存在普通容器中的甲醇在进入重整器之前，通过加热器加热使甲醇和纯水的混合物在高温（621℃）下变成混合气，然后进入重整器分离出氢。由于重整器产生的氢气中含有少量 CO，因此，需要通过转换器中的催化剂将 CO 转换为 CO_2 后排出，使之最终进入燃料电池的氢气中。CO 的含量不能超过规定的低限值（0.001％）。

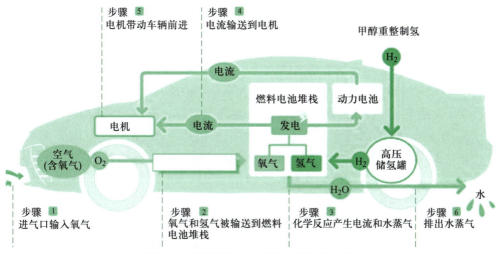

图 4-9 以甲醇作为燃料的车载制氢过程

② 车载烃类制氢过程：烃类燃料（汽油、柴油、LPG 及天然气等）制氢通常包括氧化重整、高温变换、脱硫、低温变换、CO 净化及燃烧等过程。以汽油作为燃料的车载制氢过程如图 4-10 所示。

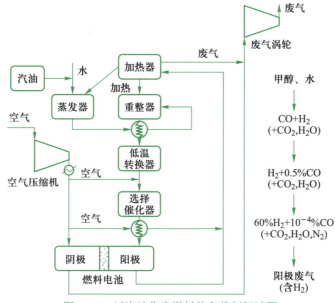

图 4-10 以汽油作为燃料的车载制氢过程

烃类车载制氢需要高温和脱硫，因此，其重整过程比醇类难度大。由于天然气是气体燃料，车载储运较为困难，因而很少用作燃料电池电动汽车的燃料。

（3）重整燃料电池电动汽车的优、缺点

使用车载重整器制氢的燃料电池电动汽车，其主要优点是燃料储存方便，只需要普通的容器，不需要加压或冷藏。但是车载重整器制氢也存在着一些问题，主要如下。

① 燃料电池系统起动时间较长，动态响应较慢。当然，对于配备辅助蓄能装置的重整燃料电池电动汽车来说，辅助蓄能装置可以很好地解决这一问题。

② 重整装置不仅需要复杂的控制过程，而且其所占用体积和质量会减少车辆可利用的空间，增加更多的能量消耗。

③ 当制取的氢气纯度不高时，可能会使催化剂中毒并产生一些污染。

由于上述不足，在现已推出的燃料电池电动汽车中，采用重整技术的相对较少。

3）燃料电池电动汽车的储氢方式

目前的燃料电池电动汽车大部分以纯氢作为燃料，为了使燃料电池电动汽车能达到所需的续航里程，在汽车上就需要储存一定量的氢。车载储氢主要有压缩氢气、液态氢和金属储氢三种形式。

（1）压缩氢气形式

氢气的密度小，需要通过压缩来增加其储存量。压缩氢气的压力一般为 20～30 MPa 或更高，因而要求储氢罐能承受高压且重量轻、使用寿命长。高压储氢罐的材料为铝或石墨，通常制成环形压力容器，这样有助于提高容积效率，满足续航里程的要求，而且便于在汽车上安装。

（2）液态氢形式

相对于气态氢，液态氢具有较高的能量密度，可显著提高单位容积氢的质量，有利于降低运输成本，提高燃料电池电动汽车的续航里程。但是，液态氢需要将气态氢冷却到 -253℃ 才能得到，氢气的液化过程时间较长，而且需要消耗大量的能量。另一个问题是，液态氢难以较长时间储存，只能储存在供应站，而在运输时也需要专用车辆运输。

（3）金属储氢形式

利用金属氢化物储氢，就是将氢气加压至 3～6 MPa，使进入容器的氢在高压下附在金属小颗粒上，完成氢与金属的结合，同时释放出热量。由于从金属小颗粒中释放出氢时，需要吸收外部的热量。因此，金属储氢容器不仅需要有一定的耐压强度，还要有足够的换热面积，以满足充氢和放氢时的热量传递。为了尽可能多地储存氢，需要储氢金属表面呈小颗粒状，并且在适当的温度范围和压力范围内储存或释放氢气。

金属储氢通常被认为是最安全的储氢方式。相比于高压储氢罐储氢方式，金属储氢的特点如下。

① 单位体积的储氢容量有所提高，但单位质量的储氢量并不高，金属储氢罐包括容器和储氢材料，其单位质量的储氢量要低于高性能材料制成的高压储氢

气瓶。

② 储氢的压力较低（1 ～ 2 MPa），远低于高压储氢罐的压力，因而其安全性较高，降低了对充氢设备的要求，充氢的能耗也较小。

③ 金属氢化物对氢气中少量杂质（如 O_2、H_2O、CO 等）的敏感度高于燃料电池电极催化剂的敏感度，因此，对氢的纯度要求就更高了。

④ 金属氢化物的机械强度较低，反复充、放氢后会出现粉碎现象。目前金属储氢装置的金属氢化物反复充放氢的次数不多，而且价格较高。

总体上看，燃料电池电动汽车采用金属储氢方式的运行成本很高，因此，目前采用这种车载储氢方式的燃料电池电动汽车较少。

4）燃料电池电动汽车的工作方式

目前燃料电池汽车多采用燃料电池＋蓄电池的混合动力模式。在电动汽车起步、加速、匀速、滑行、减速和制动等不同的行驶工况下，燃料电池的工作模式是不同的，大体可分为燃料电池模式、混合动力模式、蓄电池模式和能量回收模式等。

（1）燃料电池模式

当燃料电池电动汽车工作在燃料电池模式时，电机的电力全部由燃料电池提供。当蓄电池在非充满电状态（SOC < 1），并且燃料电池的电能供给电机后尚有剩余时，燃料电池还可向蓄电池充电，如图 4-11 所示。燃料电池汽车在低负荷、匀速和滑行等行驶工况时，通常工作在燃料电池模式。

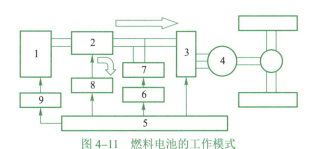

图 4-11　燃料电池的工作模式

（2）混合动力模式

混合动力模式是指燃料电池和蓄电池共同提供电机所需电力的工作方式，如图 4-12 所示。在燃料电池电动汽车加速行驶、高速行驶、上坡、超车或重载的情况下，

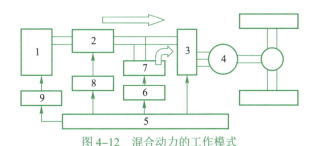

图 4-12　混合动力的工作模式

当燃料电池输出的功率已不能满足驱动车辆所需的功率时，由蓄电池提供瞬时功率来补充燃料电池电动汽车加速、上坡的动力需要，或由蓄电池持续地协助燃料电池供电，以满足燃料电池电动汽车在持续高速或重载下对电源持续电功率输出的需求。

（3）蓄电池模式

蓄电池模式是指燃料电池停止输出电能，车辆单独由蓄电池提供电力的工作方式，如图 4-13 所示。当燃料电池还未启动，而蓄电池的 SOC 大于最小临界值时，由蓄电池提供电动汽车起步时所需的电能。此外，当燃料耗尽或燃料电池电堆发生故障时，若蓄电池的 SOC 大于最小临界值，则也可由蓄电池短时间内独立供电。工作在蓄电池模式的燃料电池电动汽车，对蓄电池容量和输出功率的要求相对较高。

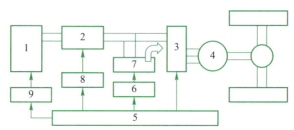

图 4-13　蓄电池模式

（4）能量回收模式

能量回收模式是指电机工作在发电机状态，将车辆的动能转换为电能并向蓄电池充电的工作方式，如图 4-14 所示。在燃料电池电动汽车下坡、减速及非紧急制动等情况下，当蓄电池又处于非充满电状态（SOC 在最大临界值以下）时，控制器就将电机转换为发电机工作方式，将车辆的动能转换为电能，通过向蓄电池充电来实现能量回收。

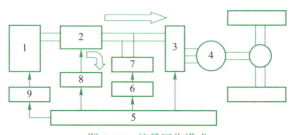

图 4-14　能量回收模式

其中，1 指燃料电池，2 指 DC-DC 转换器，3 指电机控制器，4 指电机，5 指整车控制器，6 指蓄电池能量管理，7 指蓄电池，8 指 DC-DC 电子控制器，9 指燃料电池控制器。

5）燃料电池电动汽车动力系统参数的匹配

燃料电池电动汽车动力系统参数的最佳匹配，就是要在确保车辆有良好动力性的前提下，具有最优的燃料经济性。

（1）燃料电池电动汽车动力系统参数匹配的基本思路

　　燃料电池电动汽车动力系统的构型方式、各系统参数的匹配、整车的控制策略均是影响燃料电池电动汽车动力性和燃料经济性的重要因素，而且三者之间相互关联、互相影响。当燃料电池电动汽车采用不同的构型方式、控制策略和参数匹配时，整车的动力性和燃料经济性将会有明显的差异，燃料电池电动汽车动力系统参数匹配的基本思路和步骤如下。

　　① 选定燃料电池电动汽车动力系统构型方式。

　　② 针对选定的构型方式，选定某种能量分配策略。

　　③ 动力系统参数匹配，以已知的整车参数、目标工况、基本能量分配策略作为条件，以满足车辆动力性作为前提，以最佳燃料经济性作为目标，进行动力系统的参数匹配。

　　按照上述步骤，通过改变构型方式，就可得到不同构型方式下的动力系统参数匹配，最终得到理想的系统选型设计方案。

　　（2）实用的动力系统参数优化匹配方法

　　可将燃料电池电动汽车的动力系统分为动力源和动力驱动系统两部分，如图 4-15 所示。

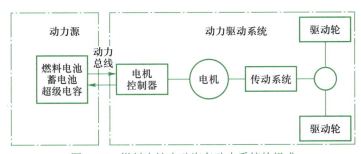

图 4-15　燃料电池电动汽车动力系统的组成

　　动力系统的参数匹配需要考虑的主要因素有驱动电机的相关参数（额定功率与最大功率、最大转矩、最高转速等）、变速器的传动比、主减速器的传动比及直流总线电压等。其主要目标是满足车辆动力性和工作可靠性要求。

　　混合型燃料电池电动汽车的动力源包括燃料电池系统、蓄电池及超级电容等。动力源参数的匹配涉及各动力源的混合方式和混合比。动力源的参数优化匹配目标主要是整车的燃料经济性最优和制造成本最低，主要考虑的因素有燃料电池的额定功率、蓄电池的容量、蓄电池的串联数量及蓄电池的初始 SOC 等。实现燃料电池电动汽车动力系统参数匹配过程的具体方法如下。

　　① 理论计算法：理论计算法是根据给定的整车参数和动力性指标要求，运用汽车理论相关的公式进行计算，得到动力系统各动力总成的参数。

　　② 工况分析法：工况分析法的主要目的是获取车辆的动力和功率需求信息，从而得到整车对各动力总成的动力性能和系统能量的最低需求。工况分析主要包括典型工况分析、特征工况分析及工况适应性分析。典型工况分析是指针对所设计车辆的典型使用循环工况进行分析，例如作为城市公交车，其典型工况可选为城区公

交、城郊公交等循环工况；特征工况分析包括最高车速、最大爬坡度、起步及加速等工况分析；工况适应性分析是指设计车辆对除典型工况之外的其他要求工况的适应性分析，以判断该车辆是否具有更广泛的用途。

③ 仿真分析法：仿真分析法是借助于 Advisor、Matlab/Simulink 等仿真软件，针对车辆的整体设计要求与部件信息，搭建整车及各部件的仿真模型，并编制相应的程序和输入数据文件，通过仿真来确定各部件参数对整车性能的影响，从而进行各总成参数的设计与匹配。仿真分析法在程序运行时需要输入的信息中包括了目标工况信息，工况选择时可参照工况分析法。

（3）能量管理策略与优化

对于具有两个或两个以上能量源的混合型燃料电池电动汽车，能量管理策略对车辆能量的消耗和能量源的使用寿命均有着重要的影响。能量管理策略主要包括功率分配策略、传动比控制策略、制动能量回收策略三部分。其核心是功率分配。只有三者有机配合并实现最优化管理，才能在有效降低能量消耗的同时，延长燃料电池和蓄电池的使用寿命。

① 能量管理系统的主要任务：对于燃料电池＋蓄电池的混合型燃料电池电动汽车，如何协调这两个动力源的功率输出比例，对提高能量的利用率及整车的燃料经济性至关重要。能量管理系统的主要任务可归结为以下几点。

a. 在不损害蓄电池且蓄电池处于合理工作状态的情况下，满足车辆动力性的设计要求，以确保车辆良好的驾驶性能。

b. 根据驾驶人的驾驶操作判断其转矩需求，再根据管理子系统的限制条件来确定转矩控制指令。

c. 确定燃料电池系统的运行状态（包括开启与关闭），以便通过能量管理获得最大的燃料经济性。

d. 确定动力系统的驱动模式和各模式之间的转换机制，并确定传动系统的传动比。

在上述能量管理系统的任务中，蓄电池工作状态的控制是能量管理策略所要解决的基本问题，需要考虑以下几个因素。

a. 蓄电池的充放电效率与其本身的内阻密切相关，且是 SOC 的函数。因此，能量管理必须考虑选择蓄电池的最佳工作区域，以降低蓄电池充放电损失，同时保留额外的吸收峰值功率的空间。

b. 蓄电池所储存的能量在整个循环工况下要达到平衡。

c. 蓄电池的充放电深度会影响其循环寿命，因此，能量管理必须控制蓄电池的充放电深度。

② 能量管理系统的构成：燃料电池电动汽车能量管理系统的基本结构如图 4-16 所示。能量管理系统通过相关的传感器、开关和电压信号获取当前的状态（包括车速、蓄电池的 SOC 等）及驾驶人的转矩需求信息，进行汽车最佳挡位、燃料电池开启、关闭，制动能量回馈，功率分配等控制。

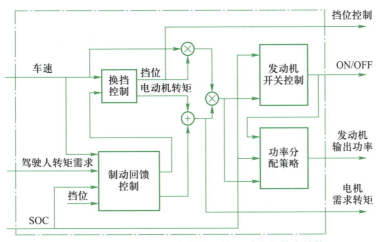

图 4-16　燃料电池电动汽车能量管理系统的基本结构

▶ **搜一搜 / 想一想**

通过查阅相关资料，列举出使用燃料电池的典型车型。

4.2　典型燃料电池电动汽车

4.2.1　丰田燃料电池电动汽车

1. 丰田 FCHV-4 型燃料电池电动汽车的结构

丰田 FCHV-4 型燃料电池电动汽车如图 4-17 所示。燃料电池组、功率控制单元（PCU）和电机安装在汽车前部，而四个高压储氢罐安装在后部地板下面，辅助蓄电池安装在行李舱地板下面（各部件位置如图 4-18 所示），燃料电池系统的主要部件如下。

图 4-17　丰田 FCHV-4 型燃料电池电动汽车

1）燃料电池

燃料电池（PEFC）采用聚合物电解质，用氢作为燃料，最大功率为 90 kW。

2）辅助蓄电池

辅助蓄电池为密封式镍氢蓄电池，容量为 6.5 A·h，冷却方式为强制风冷式。

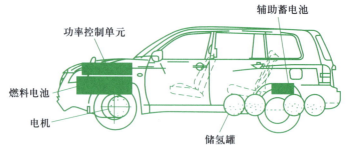

图 4-18　燃料电池电动汽车各部件位置

3）DC-DC 转换器

DC-DC 转换器由于采用了三相斩波器，因此降低了波动电压。为了提高转换率，感应芯片采用铁损低的多孔合金。DC-DC 转换器最大输出功率为 20 kW，载波频率为三相 10 kHz，冷却方式为水冷式和风冷式。

4）空气压缩机

空气压缩机采用涡旋式压缩机，最大流量（自由空气的体积流量）为 3 500 NL/min（6 000 r/min）。用永磁电机作为驱动电机，具有较大的传动比。

5）功率控制单元

燃料电池电动汽车高压部件和控制器装配在一起，从而简化了冷却系统和控制系统。逆变器最大的电流为 44 A，转换方式为 PWM，冷却方式为水冷式。

6）电机

燃料电池电动汽车采用永磁电机，最大功率为 80 kW，冷却方式为水冷式。丰田 FCHV-4 型燃料电池电动汽车的电源是混合式结构，由燃料电池和辅助蓄电池组成。根据汽车的工作状态，控制系统精确地控制燃料电池输出功率和辅助蓄电池的充、放电。镍氢电池具有良好的储能性能，单独使用时，汽车成为纯电动汽车，因此能够降低汽车轻负荷时的燃油消耗。

如图 4-19 所示，燃料电池与逆变器 / 电机的连接方式为串联，以便在汽车运行的大部分时间具有较高的效率。辅助蓄电池的功率比较低，与燃料电池通过 DC-DC 转换器串联，用来在燃料电池响应迟缓或汽车满负荷时提供辅助动力，辅助蓄电池也吸收制动再生能量和在小负荷时用作纯电动汽车状态时的动力源。通过控制 DC-DC 转换器的输出电压可以调节燃料电池和辅助蓄电池之间的能量转换。

2. 丰田 FCHV-4 型燃料电池电动汽车的动力系统

丰田 FCHV-4 型燃料电池电动汽车的动力系统如图 4-20 所示，按功能可分为两部分：燃料电池系统和混合动力系统。燃料电池系统是使汽车行驶的动力源，而混合动力系统高效地运用燃料电池系统的输出动力。

1）燃料电池系统

　　燃料电池系统包括燃料电池、燃料供给系统部件和冷却系统部件。氢气经调节器从高压储氢罐供到燃料电池，氢气的最大压力为 25 MPa。为了提高燃料电池的性能，燃料电池反应后剩余的过多氢气由循环泵送到燃料电池供给一侧。空气由压缩机加压，随后经加湿器供到燃料电池。加湿器将从燃料电池排出的空气中的水蒸气吸出，然后加湿进入的压缩空气。加湿泵也循环燃料电池与散热器之间的冷却液。

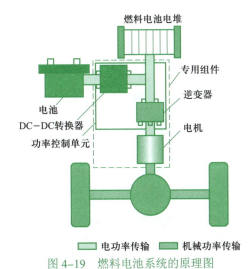

图 4-19　燃料电池系统的原理图

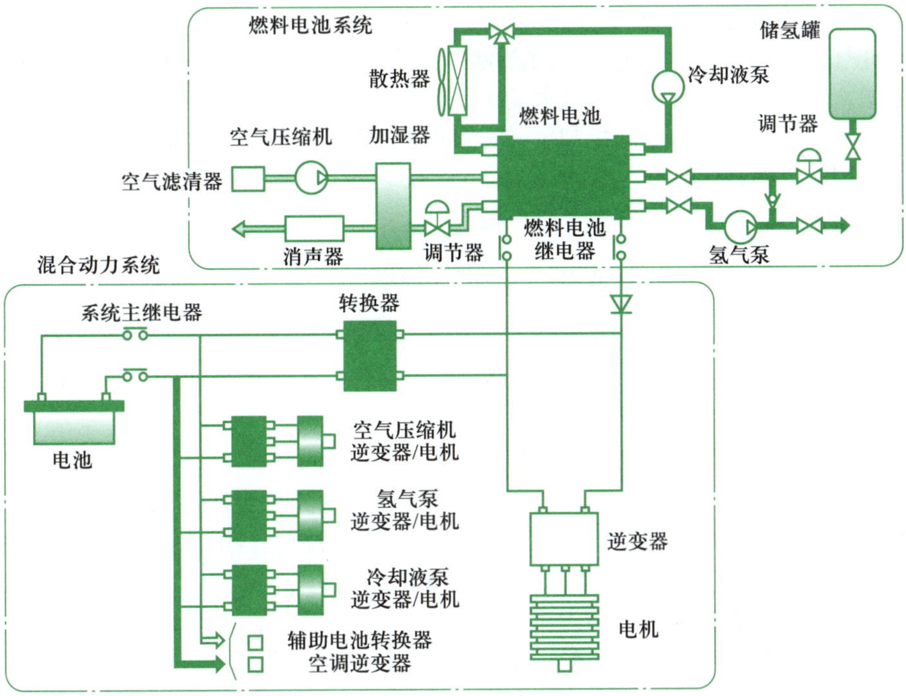

图 4-20　丰田 FCHV-4 型燃料电池电动汽车的动力系统

2）混合动力系统

混合动力系统包括燃料电池系统、辅助电池、DC-DC 转换器和牵引逆变器 / 电机。汽车的基本驱动力来自燃料电池，但当燃料电池的输出动力不充分时（如超车和满负荷时），辅助蓄电池提供额外的动力。在低功率区，燃料电池系统效率低，如图 4-21 所示。因此，在低功率区燃料电池和附属设备（如空气压缩机）停止工作，汽车只靠辅助蓄电池行驶或作为纯电动汽车行驶。

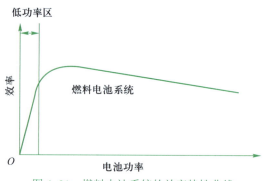

图 4-21　燃料电池系统的效率特性曲线

3. 丰田 FCHV-4 型燃料电池电动汽车动力系统的控制

图 4-22 所示为丰田 FCHV-4 型燃料电池电动汽车混合动力系统的控制框图。

整个框图分为三部分：电动汽车控制单元、混合动力控制单元和燃料电池控制单元。在电动汽车控制单元，所需的动力大小由加速踏板、传动器等决定，并且随后将此信息传送到混合动力控制单元。从混合动力控制单元得到电机功率余量信息，并且在一定范围驱动电机。混合动力控制单元计算出这一时刻可供利用的燃料电池最大功率和辅助蓄电池的最大功率，即总的电机功率容量。混合动力控制单元将目标电流传送到燃料电池控制单元。根据电机的需求和燃料电池的特性确定目标电流。同时，燃料电池的工作点由 DC-DC 转换器控制。燃料电池的辅助系统由燃料电池控制单元根据燃料电池目标电流控制。

4.2.2　本田 FCX 系列燃料电池电动汽车

本田 FCX 系列燃料电池电动汽车（图 4-23）经过几代研发，已有多款车型。本田 FCX 系列燃料电池电动汽车突出以超级电容器作为辅助电源的结构，在研发过程中燃料电池电动汽车的性能不断地得到提高。

1. 本田 FCX1 型燃料电池电动汽车

本田 FCX1 型燃料电池电动汽车只能乘坐两人，采用金属氢化物吸附的氢气作为燃料，装置 Ballard 公司研发的 60 kW 的质子交换膜燃料电池，采用镍氢动力电池组作为辅助电源，驱动电机的功率为 49 kW。

2. 本田 FCX2 型燃料电池汽车

本田 FCX2 型燃料电池汽车只能乘坐两人，采用甲醇经过改质产生的氢气作为燃料，装置本田公司自行研发的 60 kW 的质子交换膜燃料电池，采用镍氢动力电池组作为辅助电源，驱动电动机的功率为 49 kW。

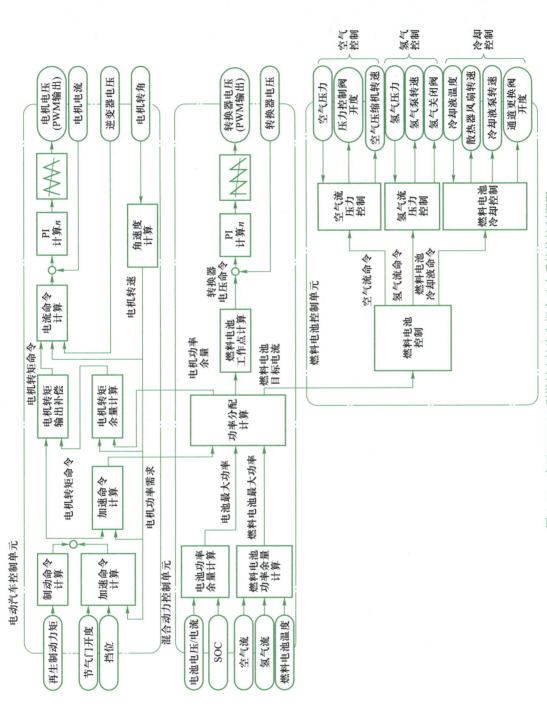

图 4-22 丰田 FCHV-4 型燃料电池汽车混合动力系统的控制框图

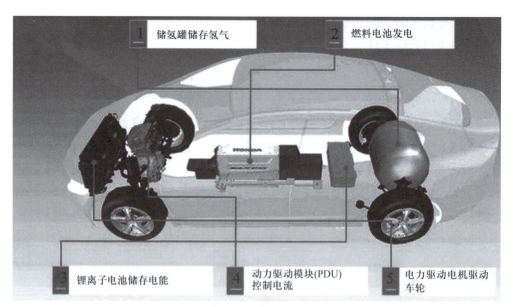

图 4-23　本田 FCX 燃料电池电动汽车

3. 本田 FCX3 型燃料电池电动汽车

本田 FCX3 型燃料电池电动汽车可乘坐四人，总质量为 1 750 kg，最高车速为 130 km/h，续航里程为 180 km，采用 25 MPa、100 L 的氢气作为燃料，装置 Ballard 公司研发的 62 kW 的质子交换膜燃料电池，质子交换膜燃料电池的最大功率为 70 kW，采用超级电容器组作为辅助电源，驱动电机的功率为 49 kW。

4. 本田 FCX4 型燃料电池电动汽车

本田 FCX4 型燃料电池电动汽车可乘坐四人，总质量为 1 740 kg，最高车速为 140 km/h，续航里程为 315 km，采用 35 MPa、137 L 的高压氢气作为燃料，装置 Ballard 公司研发的 78 kW 的质子交换膜燃料电池，采用超级电容器组作为辅助电源，驱动电动机的功率为 60 kW。

5. 本田 FCX 型燃料电池电动汽车

本田 FCX 型燃料电池电动汽车可乘坐四人，总质量为 1 680 kg。最高车速为 150 km/h，续驶里程为 395 km，采用 35 MPa、38 kg、156.6 L 的高压氢气作为燃料，装置本田公司研发的 78 kW 高效率和高性能的质子交换膜燃料电池，采用大容量的超级电容器组作为辅助电源，永磁同步电动机的功率为 60 kW，最大功率达到 80 kW，最大转矩为 272 N·m。

▶ 拓展阅读

大力发展新能源汽车是应对全球能源短缺和环境污染的重大战略举措。在众多的新能源汽车中，燃料电池电动汽车因其具有零排放、效率高、燃料来源多元化和能源可再生等优势而被认为是未来汽车工业可持续发展的重要方向，是解决全球能源问题和气候变化理想方案，因此，世界主要国家和组织投入大量资金用于燃料电池电动汽车关键技术攻关。目前，燃料电池电动汽车现已进入技术与市场示范阶段。

　　燃料电池电动汽车是"十五"期间全国 12 个重大研究专项之一。其中，质子膜关键技术被列为山东省第一号科技攻关项目，取得了重大突破。辽宁新源动力股份有限公司承接国家"863"重大科研项目，研制了 200 kW、110 kW、60 kW、30 kW、10 kW、5 kW 燃料电池系统，燃料电池电站，便携式电源等产品。在"十一五"期间，中国继续加大对燃料电池电动汽车的研发投入，推动核心技术产业化。

▶ 搜一搜/想一想

　　通过查阅相关资料，对比燃料电池电动汽车与纯电动汽车及混合动力电动汽车，说一说燃料电池电动汽车的优缺点及未来发展前景如何？

 巩固与提高

一、选择题

1. 学生 a 说，燃料电池电动汽车是使用燃料的电动汽车。学生 b 说，燃料电池电动汽车是使用电池的汽车，他们说法应该是（　　）。

  A. 只有学生 a 正确   B. 只有学生 b 正确

  C. 学生 a 和 b 都正确   D. 学生 a 和 b 都不正确

2. 下列说法正确的是（　　）。

  A. 燃料电池电动汽车的排放物是水，没有污染

  B. 燃料电池电动汽车的排放物是 CO_2，没有污染

  C. 燃料电池电动汽车的排放物是 O_2，没有污染

  D. 燃料电池电动汽车的排放物是 H_2，没有污染

3. 学生 a 说，改质型燃料电池电动汽车比非改质型燃料电池电动汽车好。学生 b 说，改质型燃料电池电动汽车比非改质型燃料电池电动汽车差。他们说法应该是（　　）。

  A. 只有学生 a 正确   B. 只有学生 b 正确

  C. 学生 a 和 b 都正确   D. 学生 a 和 b 都不正确

4. 学生 a 说，质子交换膜燃料电池工作温度在 100℃左右。学生 b 说，质子交换膜燃料电池工作温度在 1 000℃左右。他们说法应该是（　　）。

  A. 只有学生 a 正确   B. 只有学生 b 正确

  C. 学生 a 和 b 都正确   D. 学生 a 和 b 都不正确

5. 学生 a 说磷酸燃料电池工作温度在 150～200℃，需要铂催化剂来加速反应。学生 b 说磷酸燃料电池工作温度在 1 500～2 000℃，无须铂催化剂来加速反应。他们说法应该（　　）。

  A. 只有学生 a 正确   B. 只有学生 b 正确

C. 学生 a 和 b 都正确　　　　D. 学生 a 和 b 都不正确

6. 下列说法正确的是（　　）。

A. 碱性燃料电池目前已经淘汰

B. 固体氧化物燃料电池目前工作温度位于 8 00～1 000℃。

C. 熔融的碳酸盐燃料电池使用的碳酸盐主要有碳酸氢钠和碳化钙

D. 燃料电池电动汽车在我国已经普及使用

二、问答题

1. 燃料电池电动汽车与纯电动汽车、混合动力电动汽车相比，有哪些优缺点？

2. 说明燃料电池电动汽车的基本组成和工作原理。

3. 说明质子交换膜燃料电池的基本组成和工作原理。

第 5 章 ▶▶▶

其他新能源汽车

5.1 太阳能电池汽车

5.1.1 太阳能电池

太阳是一个主要由氢和氦组成的炽热气体火球，太阳能主要来源于氢聚变为氦的聚变反应。地球只接受太阳总辐射的二十二亿分之一，但太阳每秒辐射到地球上的能量相当于 500 万 t 煤燃烧释放的能量。太阳能是可再生资源，可免费使用，无须运输，对环境无任何污染。为了利用太阳能，人类发明了可以吸收太阳能并转化为电能的装置——太阳能电池。太阳能电池自发明以来，在航空航天、建筑、照明、游艇和汽车等行业获得了广泛应用。

1. 太阳能电池的基本原理

太阳能电池是一种可以将能量进行转换的光电元件，其基本构造是 P 型与 N 型半导体接合而成的。半导体最基本的材料是"硅"，它是不导电的，但如果在半导体中掺入不同的杂质，就可以做成 P 型与 N 型半导体。

当太阳光照射到由 P、N 两种不同导电类型的同质半导体材料构成的太阳能电池上时，其中一部分光线被反射，另一部分光线被吸收，还有一部分光线透过电池片。被吸收的光能激发被束缚的高能级状态下的电子，产生电子 – 空穴对，在 P–N 结的内建电场作用下，电子、空穴相互运动，如图 5–1 所示，N 区的空穴向 P 区运动，P 区的电子向 N 区运动，使太阳能电池的受光面有大量负电荷（电子）积累，而在太阳能电池的背光面有大量正电荷（空穴）积累。若在太阳能电池两端接上负载，负载上就有电流通过，当光线一直照射时，负载上将源源不断地有电流流过。

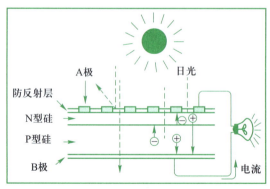

图 5–1　太阳能电池原理图

2. 太阳能电池的分类

按结晶状态太阳能电池可分为结晶系薄膜式和非结晶系薄膜式两大类，而前者又分为单结晶形和多结晶形。

按材料太阳能电池可分为硅薄膜形、化合物半导体薄膜形和有机膜形，而化合物半导体薄膜形又分为非结晶形、Ⅲ Ⅴ族、Ⅱ Ⅵ族等。

根据所用材料的不同，太阳能电池还可分为：硅太阳能电池（图 5–2）、多元化合物薄膜太阳能电池（图 5–3）、聚合物多层修饰电极型太阳能电池（图 5–4）、纳米晶太阳能电池（图 5–5）四大类。

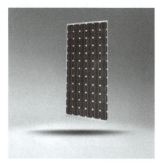

图 5-2　硅太阳能电池

图 5-3　多元化合物薄膜太阳能电池

图 5-4　聚合物多层修饰电极型太阳能电池

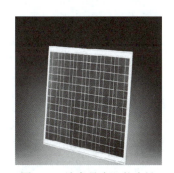

图 5-5　纳米晶太阳能电池

其中，硅太阳能电池是发展最成熟的，在应用中居主导地位。

5.1.2　太阳能电池汽车

1. 太阳能电池汽车的结构原理

太阳能电池汽车主要由车身、太阳能电池板、电力系统、驱动系统、蓄电池、机械系统和底盘等部分组成。太阳能电池汽车的车身由于安装太阳能电池（板）的需要，其造型与普通汽车有较大的区别，其表面积也往往大于普通汽车的表面积。

将太阳能电池（板）安装在汽车上，太阳能电池（板）采集阳光，并产生电流。通过电流驱动电机，最终驱动车辆行驶。太阳能电池汽车的原理图如图 5–6 所示。

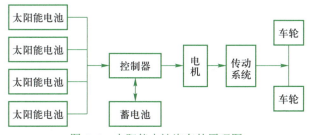

图 5-6　太阳能电池汽车的原理图

2. 太阳能电池汽车的分类

太阳能电池汽车根据驱动方式分为三种：直接驱动式、间接驱动式和混合驱动式。

（1）直接驱动式

直接驱动式太阳能电池（板）产生的电流不经过蓄电池，直接通过控制器、电机和传动系统来驱动汽车的车轮行驶。

（2）间接驱动式

间接驱动式太阳能电池（板）产生的电流通过控制器先给蓄电池充电，当汽车需要行驶时，电流从蓄电池中流出，通过控制器、电机和传动系统来驱动汽车的车轮行驶。

（3）混合驱动式

混合驱动式太阳能电池（板）既可以把产生的电流直接驱动汽车行驶，也可以用之前储存在蓄电池的电能驱动汽车行驶，还可以在汽车行驶过程中给蓄电池充电。

为了长途行驶或预防连续阴雨天气的需要，在蓄电池上可以增加外接充电接口。

3. 太阳能电池汽车的发展历史

国外太阳能电池最早于 1978 年应用在汽车上，当时的太阳能电池汽车时速仅为 13 km/h。之后世界上很多国家对太阳能电池汽车进行了研究，但主要侧重于赛车领域。2003 年在澳大利亚太阳能电池汽车比赛上，由荷兰学生制造的"Nuna Ⅱ"太阳能电池汽车创造了太阳能电池汽车最高时速 170 km 的新世界纪录。目前，太阳能电池汽车连续驾驶里程最长为 200 km。

我国 1984 年 9 月首次研制的"太阳号"太阳能电池汽车在武汉试验成功，共安装了 2 808 块单晶硅片，组成 10 ㎡的硅板，有三个车轮，其质量为 159 kg，车速为 20 km/h。

1996 年，清华大学研制了"追日号"太阳能电池汽车，质量为 800 kg 左右，最高车速达 80 km/h，造价为 7.8 万美元。其采用的电池板是我国第五代产品，太阳能转化率为 14%。2001 年，上海交通大学研制出了"思源号"，最高时速为 50 km。中山大学太阳能系统研究所研制了一辆太阳能电动车，外观上和公园的蓄电池车类似，可以搭乘 6 名乘客，车速最高有 48 km/h，持续行驶时间为 1 h，造价 5 万元左右。

5.1.3　太阳能电池汽车的优越性及面临的问题

太阳能电池汽车到底有什么样的魅力，各国的科学家们为此着迷，同时也激励着各个国家不惜成本、乐此不疲地为之探索。概括起来，太阳能汽车主要具有以下优势。

1. 结构轻、小、巧、美

车型轻，能大幅减少能源的消耗，降低成本；车身小，可在城市中心地带穿街走巷行驶，增加流量，改善交通状况；结构设计巧妙、实用、紧凑、坚固、耐用；流线型外观，造型美观大方。

2. 节能、节省资源

太阳能电池汽车耗能少，只需采用 $3 \sim 4 \, m^2$ 的太阳能电池组件便可行驶起来，燃油汽车在能量转换过程中要遵守卡诺循环的规律来做功，热效率比较低，为12%～15%，只有1/3左右的能量用在推动车辆前进上，其余2/3左右能量损失在发动机和传动链上。而太阳能电池汽车的能量转换不受卡诺循环规律的限制，热效率要高得多，可达到34%～40%，90%的能量用于推动车辆前进。同时太阳能电池汽车不需要内燃机、离合器、变速器、转动轴、散热器和排气管等零部件，大大节省了资源。

3. 无污染、无噪声

太阳能电池汽车因为不用燃油，不会排放污染大气的有害气体；没有内燃机，行驶时不会听到燃油汽车的轰鸣声。

4. 使用费用低廉

太阳能电池汽车上配有充电器和充放电控制器，有两路电源可为蓄电池充电。有太阳光时，太阳能电池组件通过充放电控制器向蓄电池充电，每公里行驶成本为零；无太阳光时，随时随地都能用家用 220 V 电源，通过充电器向蓄电池充电，每公里行驶成本为几分钱。

5. 制造难度低

太阳能电池汽车初步实现了小型轻量化、安全化、环保化、节能化、控制智能化、能源光电化、技术高新化。与传统汽车相比，制造难度将大大降低，更能满足和符合社会的实际需要。正是由于环保、节能、安全和经济的优点，太阳能电池汽车这种交通工具可以成为千家万户的期待，也推动着太阳能技术的不断发展。

太阳光由于受到天气、季节和时间早晚等不可抗因素影响，具有地域性、季节性和时域性等特点。同时太阳光的不稳定性、分散性（太阳光强烈时功率密度可达到大约 1 kW/m^2）以及太阳能电池能量密度小、转化效率低、成本高等因素，导致太阳能电池在汽车上还不能广泛使用。太阳能电池价格比较高，所以太阳能汽车的价格也比较高，超出了普通人接受的范围。太阳能电池汽车功率普遍较小、续航里程短、承重能力低，乘坐舒适性与普通汽车相比还有比较大的差距。我国机动车登记明确规定，未列入《机动车产品目录公告》的机动车不准办理注册登记。由于太阳能电池汽车完全由太阳能电池（板）驱动，导致太阳能电池（板）的面积很大，而太阳能电池汽车的造型也与普通汽车有较大的区别，太阳能电池汽车依法还不能上路，这也是限制太阳能电池在汽车上应用的一个外在因素。

▶ 拓展阅读

世界上第一辆商用太阳能电池汽车不充电就能运行 30 天

我国一家太阳能薄膜制造公司成功将一种薄膜应用于某小型商用车的车顶，据了解，这辆被称为 K-Car 的国产车可以在不充电的情况下，获得每日 50～100 km 的有效行驶里程，如图 5-7 所示。

该公司称，在经过了一个月的测试后，"世界上第一辆商用太阳能汽车"诞生了。测试结果证实，这辆 K-Car 在"正常"的阳光照射下能够连续 30 天不充电。

据报道，这款国产 K-Car 是在中国汽车技术研究中心进行的测试，由我国一家能源公司和汽车制造商共同开发。

经过 30 天的测试，这款汽车电池的电量保持了 60% 以上。公司方面表示，在每天的运行结束后，仍有 60%～80% 的电池电量保持不变，这就相当于在不充电的情况下，白天行驶 50～100 km 的续航里程的基础上又增加了 30～80 km。

图 5-7　K–Car 太阳能汽车

我国海南省已宣布，2030 年起海南省全面停止销售燃油汽车，而这款太阳能汽车或许不失为一个好的选择。

据了解，早在 2017 年，该公司成功将装有太阳能车顶的三轮车的行驶里程延长了 20 km，使三轮车可以在不充电的情况下使用 79 天。将车顶太阳能与电动汽车相结合或许也是一个很好的方案，试想一下，全世界都在提倡太阳能发电，而电动汽车所需电力如果有部分是由车顶自带的太阳能发电产生的，可能在更大程度上减少碳排放，并减轻车主对于行驶里程的压力。

▶ 搜一搜 / 想一想

一般太阳能电池的光电转换效率如何？太阳能电池的效率损失有哪些原因？

5.2　替代燃料汽车

5.2.1　气体燃料汽车概述

气体燃料汽车主要包括压缩天然气汽车、液化石油气汽车和氢燃料汽车。天然气是从天然气田直接开采出来的，其主要成分是甲烷，极难液化。因此，目前一般是将天然气压缩到 20 MPa 的高压，然后充入车用气瓶中储存，以供汽车使用，即所谓的压缩天然气（CNG）。石油气是石油催化裂化过程和油田伴生气回收轻烃过程中的产品。石油气在常温下加压到 1.6 MPa 即可液化成液化石油气（LPG）。从油田气制得的 LPG，其主要成分为丙烷、丁烷和少量的乙烷和戊烷，不含烯烃，适于作为车用燃料。从炼油厂得到的液化石油气，除含丙烷、丁烷外，还含有较多的烯烃，不宜作为车用燃料。因为烯烃在常温下的化学稳定性差，所以在储运过程中容易生成胶质，燃烧后容易积炭。汽油、轻柴油、天然气、液化石油气及甲醇和乙醇燃料的理化性质见表 5-1。

表 5-1　汽油、轻柴油、天然气、液化石油气及甲醇和乙醇燃料的理化性质

项目		汽油	轻柴油	天然气（NG）	液化石油气	甲醇	乙醇
来源		石油炼制产品	石油炼制产品	以自由状态存在于油气田中，以 20 MPa 压力压缩储存为压缩天然气，在 −160℃ 以下隔热状态保存为液化天然气（LNG）	在石油炼制过程中产生的液化气体	由 CO 和 H_2 化学合成	植物淀粉物质发酵蒸馏
分子式		含 $C_5 \sim C_{11}$ 的 HC	含 $C_{15} \sim C_{23}$ 的 HC	含 $C_1 \sim C_3$ 的 HC，主要成分是 CH_4	含 $C_3 \sim C_4$ 的 HC，主要成分是 C_3H_8	CH_3OH	C_3H_5OH
质量分数	ω_C	0.855	0.87	0.75	0.818	0.375	0.522
	ω_H	0.145	0.126	0.25	0.182	0.125	0.130
	ω_O	—	0.004	—	—	0.50	0.348
相对分子质量		114	170	16	44	32	46
液态密度 /（kg/L）		0.70 ～ 0.75	0.82 ～ 0.88	0.42	0.54	0.78	0.80
沸点 /℃		25 ～ 220	160 ～ 360	−161.5	−42.1	64.4	78.3
蒸发热 /（kJ/kg）		334	—	510	426	1 100	862
理论空气量	kg/kg	14.9	14.5	17.4	15.8	6.52	9.05
	m^3/kg	11.54	11.22	13.33	12.12	5	6.93
	kmol/kg	0.515	0.50	0.595	0.541	0.223	0.310
自燃温度 /℃		220 ～ 250	—	632	504	500	420
闪点 /℃		−45	50 ～ 65	−162	−73.3	10 ～ 11	9 ～ 32
燃料低热值 /（kJ/kg）		44 000	42 500	50 050	46 390	20 260	27 000
混合气热值 /（kJ/m^3）		3 750	3 750	3 230	3 490	3 557	3 660

续表

项目		汽油	轻柴油	天然气（NG）	液化石油气	甲醇	乙醇
辛烷值	RON	90～106	—	130	96～111	110	106
	MON	80～83		120～130	89～96	92	89
蒸气压/kPa		49～83	—	不能测定	1 274	30.4	15.3

1. 压缩天然气和液化石油气的优缺点

压缩天然气和液化石油气的主要优点如下。

① 压缩天然气和液化石油气在常温下为气态，容易与空气混合形成均匀的可燃混合气，燃烧完全，可以大幅度减少一氧化碳、碳氢化合物和微粒的排放。另外，压缩天然气和液化石油气的火焰温度低，因此氮氧化合物的排放量也相应减少。

② 压缩天然气辛烷值高达130，液化石油气的辛烷值也在100左右，因此，燃料用压缩天然气或液化石油气可提高发动机的压缩比，从而获得较高的发动机热效率。

③ 冷起动性能和低温运转性能良好，在暖机期间无须加浓混合气。

④ 燃烧界限宽，稀燃特性优越。燃烧稀混合气可以减少氮氧化合物的产生并改善燃料经济性。

⑤ 不稀释润滑油，可以延长润滑油的更换周期和发动机的使用寿命。

压缩天然气和液化石油气的主要缺点如下。

① 因为压缩天然气在常温、常压下是气体，所以其储运性能差。目前广泛采用将压缩天然气充入车用气瓶内储运的办法，这些气瓶既增加了汽车自重，又减少了载货空间，虽然可以通过深冷液化技术制成液化天然气（LNG），但技术复杂，生产成本高。

② 一次充气的续航里程短。

③ 压缩天然气或液化石油气均呈气态进入气缸，使发动机充量系数降低；与汽油或柴油相比，压缩天然气或液化石油气的理论混合气热值小，因此，燃料用压缩天然气或液化石油气将使发动机功率下降。

2. 氢燃料的优缺点

氢燃料的主要优点如下。

① 资源丰富。氢可采用多种方式制取，如可从天然气中提取，可由再生物质制取，可电解水制氢等。

② 环保。氢气燃烧后无一氧化碳、二氧化碳、硫化物、碳烟和颗粒物排放，只产生氮氧化合物和水，稀混合气燃烧时氮氧化合物排放也可降低到比其他燃料少得多，真正实现零排放。

③ 燃烧热值高。氢的燃烧热值高于所有化石燃料和生物质燃料，见表5-2。

表 5-2 氢及甲烷、汽油、甲醇和乙醇燃料的燃烧值

名称	氢气	甲烷	汽油	甲醇	乙醇
燃烧值/（kJ/kg）	121 061	50 054	44 467	20 254	27 006

④ 热效率高。氢燃料理论循环接近奥托循环，在相同的测试条件下，氢燃料发动机的热效率比汽油机提高 15%～50%。

⑤ 燃烧稳定、燃烧充分。氢在空气中的可燃比非常高（体积分数范围 4%～75%），而汽油（体积分数范围 1%～7.6%）和甲烷（体积分数范围 5.3%～15%）相比却较低，这一特性在氢的燃烧中起了很大的作用。加上氢的燃烧在气体中传播速度很快，因此氢燃料发动机的燃烧非常清洁。

⑥ 燃料混合比的浓度调节方便。氢燃料发动机可以靠空气 – 燃料混合比的浓度调节动力输出，不需要节流阀。这样做最大的好处是提高了发动机的整体效率，因为不存在燃料泵中流量的损失，而稀薄燃烧的效率较高也起了一定的作用。

⑦ 辛烷值高。氢的辛烷值高达 130，而高级汽油的辛烷值只有大约 93，因此它的自燃温度很高，抵抗爆燃燃烧的能力强，也就是说可以采用较高的压缩比。据福特公司的研发统计数据，一台压缩比为 14.5∶1 的氢燃料发动机最大效率可达到 52%。

⑧ 点火能量低。氢的点火能量不到汽油最低点火能量的 1/10，并且火焰传播特性很好，可在空气过量系数较大的范围内稳定燃烧。沸点低（约为 –253℃），冷起动性能好。

⑨ 稀燃能力强。发动机能在稀混合气下稳定工作，具有很好的热效率。

氢燃料的主要缺点如下。

① 难以储存。氢是最轻的元素，易泄漏，从高压储气罐中泄漏速度会达到声速，泄漏速度是天然气的 3 倍。远程输运时损耗大。

② 制取成本高。与传统动力汽车相比，制取成本至少高出 20%。

③ 易燃。氢 / 空气混合物燃烧的范围是 4%～75%（体积分数），着火能仅为 0.02 MJ。而其他燃料的着火范围要窄得多，着火能也要高很多。

④ 氢脆。锰钢、镍钢以及其他高强度钢容易发生氢脆。这些钢长期暴露在氢气中，尤其是在高温高压条件下，其强度会大大降低，导致失效。因此，如果与氢接触的材料选择不当，就会导致氢的泄漏和燃料管道的失效。

5.2.2 压缩天然气燃料汽车的结构原理

1. 压缩天然气的物理、化学性质

压缩天然气是由多种烃类物质和少量的其他成分组成的混合气体。压缩天然气中最主要的成分是甲烷，由于甲烷在所有的碳氢化合物中具有最大的氢 / 碳比，因此甲烷燃烧后产生的二氧化碳量要低于使用汽油或甲醇的发动机所产生的二氧化碳量。甲烷的分子结构极其稳定，能够有效防止发生爆燃现象，这就使压缩天然气成为一种非常适宜的汽车燃料，它可以提供比传统汽油发动机更高的热效率。

1）密度

通常状态下，甲烷是一种非常轻的气态物质。常温、常压下，甲烷的密度只相当于空气密度的55%，压缩天然气的密度约相当于空气的60%。由于压缩天然气的密度远远小于空气，当压缩天然气从输送管道或储存容器中泄漏到空气中，压缩天然气向上运动，迅速扩散到空气中。由于这一特点，压缩天然气的安全性优于汽油等大多数燃料。

2）颜色、味道和毒性

在原始状态时，天然气是没有颜色、味道和毒性的物质。基于安全的原因，在生产过程中，在压缩天然气中加入了具有独特臭味的加臭剂。在使用和运输过程中，当天燃气泄漏时，由于独特的臭味，可很容易地发现泄漏。

3）状态、沸点

在常温常压下，压缩天然气是一种气态物质，当温度达到-162℃和低于此温度时，压缩天然气将转换成液态，以液态形式存在。-162℃为压缩天然气的沸点。由于沸点非常低，压缩天然气是非常难于液化的，储存液态天然气也是非常困难的，因此一般以气体状态储存和运输压缩天然气。

4）热值

甲烷是最简单的碳氢化合物，一个甲烷分子含一个碳原子和四个氢原子。在碳氢化合物中，分子中含有的碳和氢原子数越多，燃烧后产生的能量越多。同为气体状态，在相同的环境条件下，相同的体积中含有的分子数是相同的，因此分子中含碳和氢原子越多的物质，燃烧产生的能量越多，因此每千克压缩天然气的热值略高于汽油，但每立方米压缩天然气混合气理论热值要比汽油混合气低，甲烷含量越高，相差越大，纯甲烷混合气理论热值比汽油低10%左右。

5）混合气发火界限

燃料和空气混合形成混合气，混合气的浓度在一定范围内，才能够被点燃，产生能量。混合气浓度过浓或过稀是难以被点燃的。可被点燃的混合气浓度范围的上、下限分别是燃料点火极限的上限和下限。压缩天然气与空气混合后的工作混合气具有很宽的发火界限。压缩天然气点火极限的过量空气系数的变化范围为0.6～1.8，可在大范围内改变混合比，提供不同成分的混合气。

6）自燃温度

自燃温度是指在此温度下，燃料和空气接触会点燃并连续燃烧。对于一种燃料，自燃温度不是一个常数。汽油的自燃温度是220～471℃，压缩天然气的自燃温度为630～730℃，自燃温度很高表明压缩天然气的安全性是非常好的。

7）起燃方式

压缩天然气的自燃温度比汽油更高，因而压缩天然气不宜压燃而适宜用外火源点燃。同时由于其辛烷值远高于汽油，所以它又适宜于在较高的压缩比下点燃。因为可在较高压缩比下点燃做功，因此压缩天然气既可以用电火花点燃，也可以用在柴油／天然气双燃料车上，用柴油压燃方式引燃。

8）抗爆性和辛烷值

燃料的抗爆性是指燃料在发动机气缸内被点燃、燃烧时，避免产生爆燃的能力，以及抗自燃能力，是燃料的一个重要指标。燃料的抗爆性用辛烷值表示，燃料的辛烷值越大，表示抗爆性越好。汽油的辛烷值一般在 $81 \sim 89$，压缩天然气的辛烷值一般在 $115 \sim 130$。总之，与汽油相比，压缩天然气有较高的抗爆性能。

2. 压缩天然气燃料汽车燃料供给系统的结构原理

1）压缩天然气燃料汽车燃料供给系统的总体组成

压缩天然气燃料汽车燃料供给系统的总体组成如图 5-8 所示，其主要有燃料供给系统和电控系统两大部分。前者主要由天然气瓶、充气阀、高压燃料切断阀、减压阀、混合器部件、压力表和高压电磁阀等组成，实现压缩天然气燃料的随车储存、在各种管路内输送、充装和向发动机喷射等功能；后者主要有气体压力传感器、温度传感器和电子节气门等，与原车的 ECU 配合，实现压缩天然气燃料的定时定量喷射。如果带废气涡轮增压，则结构更为复杂，图 5-9 所示为玉柴压缩天然气燃料汽车废气涡轮增压发动机结构原理图。

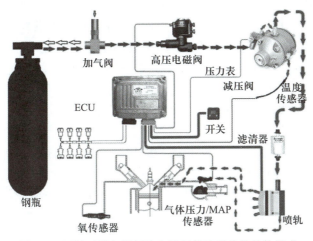

图 5-8　压缩天然气燃料汽车燃料供给系统的总体组成

2）压缩天然气发动机基本原理

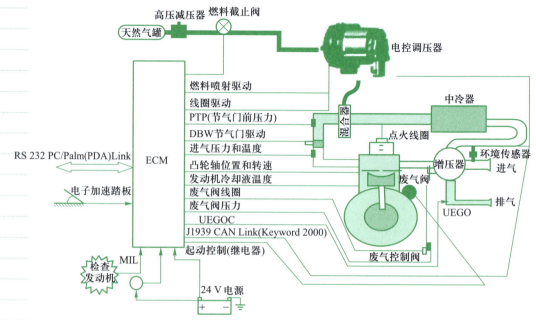

图 5-9　玉柴压缩天然气燃料汽车废气涡轮增压发动机结构原理图

如图 5-9 所示，工作时，高压的压缩天然气从储气瓶出来，经过天然气滤清器过滤后，经高压电磁阀进入高压减压器，高压电磁阀的开合由 ECM 控制。高压减压器的作用是将高压的压缩天然气（工作压力为 25 MPa 左右），经过减压加热将压力调整到 0.7 ～ 0.9 MPa。高压天然气在减压过程中由于减压膨胀，需要吸收大量热量，为了防止减压器结冰，将发动机冷却液引出到减压器对天然气进行加热。经减压后的天然气进入电控调压器。电控调压器的作用是根据发动机运行工况精确控制压缩天然气喷射量。压缩天然气与空气在混合器内充分混合，进入发动机缸内，经火花塞点燃进行燃烧，火花塞的点火时刻由 ECM 控制，氧传感器即时传递燃烧后的尾气的氧含量，ECM 根据氧传感器反馈的信号，及时修正天然气喷射量。

3）压缩天然气发动机燃料供给系统主要零部件

（1）高压燃料切断阀

如图 5-10 所示，高压燃料切断阀的作用是及时切断或恢复燃料供给。它由 ECM 控制其开闭，停机状态下处于常闭状态，为有效防止高压电磁阀进气接头与高压电磁阀结合部位漏气，安装该接头时，必须使用螺纹密封胶，并且锁紧接头。高压燃料切断阀进气口自带滤芯，维护保养时可用汽油浸泡，并用压缩空气吹干净后装复即可。

（2）高压减压器

如图 5-11 所示，高压减压器通过压力膜片克服弹簧阻力，带动杠杆调整节流孔的流通面积，从而控制减压后的天然气压力。通过节流和加热，使高压的压缩天然气减压变为 0.7 ～ 0.9 MPa 的低压天然气。

图 5-10 高压燃料切断阀

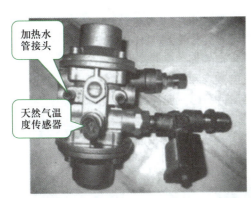
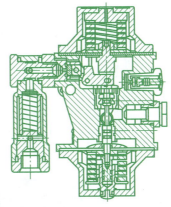

加热水管接头

天然气温度传感器

图 5-11 高压减压器

安装时要求减压器进气接头螺纹部分必须使用螺纹密封胶，并且使用铜垫进行密封；减压器出气接头使用 O 形圈进行密封，出气接头与低压电磁阀相接，低压电磁阀与电磁阀出气接头采用螺纹连接，安装时必须使用螺纹密封圈胶。

高压减压器必须通过两根水管与发动机的冷却液循环水路连通，安装水管时要锁紧环箍，以免漏水；高压减压器必须通过一根压力反馈管与进气管相接，目的是为了根据工况控制调压器出口压力；减压调节器应安装在靠近发动机进气管和振动较小的位置，不应直接安装在发动机上，一般安装在汽车车身大梁上；每 5 万 km 应维护保养高压减压器，用汽油清洗剂清洗高压减压器一级压力腔，并用压缩空气吹干净后装复；拆除高压减压器进气接头，检查滤芯是否被污染，若被污染，要更换；更换易损件（如橡胶密封圈）；检查轴销的磨损情况，若磨损更换轴销；检查调整减压压力；每 10 万 km 更换膜片及密封件，并对减压压力进行检查调整。

（3）低压电磁阀

低压电磁阀（图 5-12）由 ECM 控制其开合，

图 5-12 低压电磁阀

停机状态下处于常闭状态，有及时切断或恢复燃料供给的作用。安装电磁阀时，为了有效防止电磁阀进气接头结合部位漏气，必须用螺纹密封胶有效密封。

（4）电控调压器（EPR 阀）

如图 5-13 所示，电控调压器是一个电子控制的压力调节器，在它的内部有一个由微处理器控制的大功率的高速电机，微处理器通过 CAN 和 ECM 连接传输信息。电控调压器有两个功能：一是将天然气的压力降低，二是控制电控调压器出口的燃料压力。电控调压器内有一个压力传感器，用来测量电控调压器燃料出口和混合器入口处空气的压差。电控调压器内部有一控制芯片，该控制芯片接收来自 ECM 的控制指令，通过高压电磁阀控制天然气量，从而实时有效控制空燃比。

安装时因该零件内部有控制芯片，应避免高频振动，该零件自带减振软垫，切勿自行拆卸。电控调压器在使用时需要进行定期的维护保养，由于电控调压器处于低压减压部分，在长期使用时会在其内部沉积大量的油污和杂质，长时间存在的油污和杂质会导致电控调压器工作不良，传感器损坏以及内部的密封件和橡胶膜片提前老化和破损。

因此电控调压器的维护保养尤为重要。每 5 万 km 需要对内部零件进行清洗，更换易损件，检查轴销的磨损情况；每 15 万 km 需要更换膜片及密封件，并对压力进行校准。

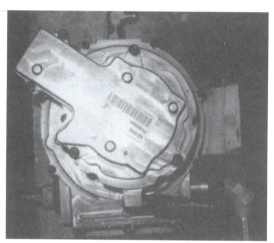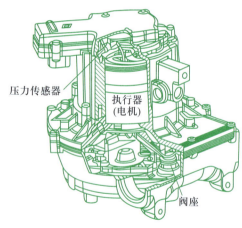

图 5-13　电控调压器（EPR 阀）

（5）混合器部件

如图 5-14 所示，混合器部件将天然气和中冷后的空气充分混合，使燃烧更充分、柔和，有效减少氮氧化合物的排放和降低排气温度。

（6）电子节气门

如图 5-15 所示，电子节气门通过控制碟阀的开度，控制进入缸内混合气的量，从而控制发动机的转速和负荷。驾驶人通过加速踏板位置，将动力需求传送给 ECM，ECM 接收到加速踏板位置信号后，根据发动机运行工况控制电子节气门开度，控制怠速转速和调速特性曲线。

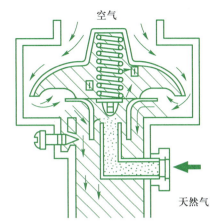

图 5-14　混合器部件

安装时要求电子节气门驱动电机轴线必须保持水平方向。每 10 万 km（视当地气体清洁度而定）从发动机上拆下节气门，看内部是否有明显的油污，若有，则需要用节气门清洗剂清洗节气门碟阀部分，清洗后用压缩空气吹干。清洗后，用手按压碟阀，检查碟阀运动有无卡滞、是否回位，若出现卡滞，则需要更换电子节气门总成。

（7）点火线圈

如图 5-16 所示，点火线圈接收来自 ECM 的点火指令，产生高电压并将高电压传给火花塞，产生火花，

图 5-15　电子节气门

点燃天然气。安装时要求拧紧点火线圈安装螺栓，以保证点火线圈胶套内弹簧与火花塞头部紧密接触。由于高压电源会在接触表面产生电弧，弹簧与火花塞头部接触的部位易受热氧化，导致接触部位电阻过大，分压作用过大导致火花塞点火能量降低，严重时会导致失火。所以安装火花塞和点火线圈时，必须在火花塞头部与点火线圈弹簧结合部位涂抹导电膏。在胶套与火花塞接触的陶瓷部位应该涂抹绝缘润滑油脂，以防止胶套老化，导致火花塞与缸盖之间漏电。点火线圈次级输出电压高达 40 kV，所以在发动机使用过程中，绝对不许用水直接冲洗发动机，特别是点火线圈部位。每 3 个月或 2 万 km 清理弹簧与火花塞之间的氧化物，并涂抹导电膏，检查点火线圈胶套是否老化开裂，如有开裂，及时更换。

图 5-16　点火线圈

（8）火花塞

火花塞的作用和结构原理与传统汽油机相同，玉柴目前所使用的火花塞为 NGK 铂金和铱金火花塞两种，天然气发动机 NGK 铂金火花塞（PFR7B-D）电极

间隙为（0.33±0.05）mm，天然气发动机 NGK 铱金火花塞（IFR7-4D）电极间隙为（0.4±0.05）mm。

（9）防喘振阀

如图 5-17 所示，防喘振阀是当发动机突然减速时，通过喘振阀通气管将气门后的低压传递到防喘振阀压力反馈接头上，打开防喘振阀单向截止膜片，使增压器压气机前后压力平衡，避免增压器喘振，保护增压器。

图 5-17　防喘振阀

（10）电子控制模块

如图 5-18 所示，电子控制模块是发动机管理中心，通过各种传感器监控发动机运行工况，并根据发动机运行工况控制各执行器，并且通过 CAN 总线与汽车各子系统通信。

除上述各部件外，还有各种传感器，如氧传感器、大气环境传感器、进气压力 / 温度传感器、凸轮轴位置传感器、冷却液温度传感器、天然气温度传感器、加速踏板位置传感器等，都与传统电控汽油发动机类似。

图 5-18　电子控制模块

5.2.3　液化石油气燃料汽车的结构原理

1. 液化石油气燃料的物理、化学性质

液化石油气是石油炼制过程中的副产品或对油田伴生气处理过程中的轻烃产品。液化石油气的主要成分为丙烷、丁烷，另外含有少量丙烯、丁烯及其他烃类物质。液化石油气大部分组分在常温下为气态，经过加压处理后，气态液化石油气可被液化，加压的大小取决于各组分的含量。虽然不同的厂家生产的液化石油气的组成有差异，但在常温下，都能在 1.6 MPa 的压力下被液化，因此液化石油气具有储存容器压力等级低、重量轻、便于储存等优点。液化石油气的主要成分为丙烷和丁烷，因此丙烷和丁烷决定了液化石油气的主要性质。

1）密度

液态密度：15℃时液态丙烷、丁烷的密度分别为 0.508 kg/L 和 0.584 kg/L，液化石油气的密度约为 0.55 kg/L，而汽油的密度为 0.66 ～ 0.75 kg/L。

气态密度：15℃时气态丙烷、丁烷的密度分别为 1.458 kg/m³ 和 2.07 kg/m³，均大于空气密度。因此，当液化石油气从储存容器中泄漏出来后，将挥发成气态，在地表附近积聚，缓慢扩散。

2）色、味、毒性

液化石油气无色、无味，没有毒性。但是，过量吸入时，会对人体中枢产生麻痹作用。为了确保使用安全，要求液化石油气具有特殊臭味，一般加入硫醇、硫醚等硫化物配制的加臭剂，如果漏气便于察觉。

3）沸点

汽油的沸点为 25 ～ 232℃，常温下呈液态。丙烷和丁烷的沸点分别为 -42.7℃

和 –0.5℃，因此丙烷和丁烷以气态存在。液化石油气有较好的挥发性，更容易和空气混合。另外可将液化石油气冷却到沸点以下，转变成液体，储存在隔热的容器内，既经济又方便。

4）蒸发潜热

液体燃料蒸发成气体时，将从周围吸收热量，这就是蒸发潜热。在沸点时，丙烷和丁烷的蒸发潜热分别约为 425.5 J/kg 和 385 J/kg。液化石油气燃料汽车在工作时，液化石油气在蒸发器内蒸发、气化成气态，将使液化石油气温度急剧下降，严重时将使液化石油气凝固、冻结蒸发器。为此，需要利用具有较高温度的发动机冷却液为蒸发过程提供热量。

5）蒸气压

液化石油气被注入密闭容器内后，其中一部分液体蒸发成气体，同时，少部分气体转变成液体，随着密闭容器内压力的升高，蒸发量逐渐减少、液化量逐渐增多，最终蒸发和液化达到平衡，容器内压力稳定在固定值，此时的蒸气压力即为蒸气压。20℃时汽油的蒸气压几乎为零，丙烷、丁烷的蒸气压分别为 0.8 MPa 和 0.2 MPa。

6）自燃温度

汽油的自燃温度为 220 ～ 471℃，丙烷、丁烷的自燃温度分别约为 450℃ 和 365℃。

7）热值

热值又称为发热量，是燃料燃烧时发出的热量。热值分为高热值和低热值。高热值包括燃烧生成物冷却到原始温度后放出的全部热量，低热值则不包括这部分热量。由于燃烧后排出的水蒸气所含热量无法利用，因此发动机热力计算时一般用低热值。按质量计算，丙烷、丁烷的低热值分别为 45.77 MJ/kg 和 46.39 MJ/kg，而汽油的低热值为 43.90 MJ/kg，按体积计算，（液态）丙烷、丁烷的低热值分别为 27.00 MJ/L 和 27.55 MJ/L，汽油的低热值为 32.05 MJ/L。因此单位质量液化石油气的热值高于汽油，而单位体积液化石油气的热值只是汽油的 80% ～ 90%。

8）点火极限

燃料和空气混合后形成的混合气过浓（燃料过多）和过稀（燃料不足）是难以被点燃的。浓度在一定的范围内，燃料与空气的混合气才能够被点燃，这一浓度范围的上、下限值分别是燃料点火极限的上限和下限。按照燃料在空气中的体积分数，汽油点火极限的上下限分别为 1.3% 和 7.6%，丙烷为 2.2% 和 9.5%，丁烷为 1.9% 和 8.5%。点火极限之间的浓度范围为燃料的燃烧范围。液化石油气的燃烧范围比汽油宽，可在大范围内改变混合比。采用稀薄燃烧技术可提高发动机的经济性，改善排放性能。

9）理论空燃比

燃料和空气混合后形成的可燃混合气，其中所含空气和燃料的质量比称为空燃比。理论上 1 kg 燃料与恰好完全燃烧需要的空气混合后形成的混合气的空燃比称为理论空燃比。

实际的空燃比和理论空燃比的比值称为过量空气系数。汽油的理论空燃比为 14.7，丙烷、丁烷的理论空燃比分别为 15.65 和 15.43。可以看出，使相同质量的燃料完全燃烧，液化石油气需要的空气量稍多于汽油。按照体积计算，丙烷、丁烷的理论空燃比分别为 23.81 和 30.95。

10）辛烷值

燃料的抗爆性是指燃料在发动机气缸内燃烧时避免产生爆燃的能力，即抗自燃能力，是燃料的一个重要指标。抗爆性用燃料的辛烷值表示，辛烷值越高，燃料的抗爆性越好，液化石油气的辛烷值高于汽油，可适应更高的压缩比。

11）受热膨胀

温度升高时，液化石油气体积有较大的膨胀，其单位温度的膨胀量是水的 15 ～ 20 倍，约为铁金属的 100 倍。

12）气 / 液容积比

15℃时，丙烷、丁烷的气液容积比（单位质量的丙烷、丁烷的气态容积和液态容积的比）分别为 273 和 236。因此，当液化石油气从储存容器或管道内泄漏出来时，其体积迅速膨胀，并蒸发成气体。

13）腐蚀性

液化石油气对天然橡胶、油漆等有腐蚀作用，因此，液化石油气的储存、输送和减压等设备中的膜片、密封圈、软管等必须采用耐腐蚀的橡胶。

2. 液化石油气燃料汽车燃料供给系统的主要部件和工作过程

1）液化石油气燃料汽车燃料供给系统的主要部件

（1）储气瓶

储气瓶是一种高压容器，额定压力为 2.2 MPa。轿车的储气瓶安装在行李舱内（图 5-19）。储气瓶由瓶体、防护盒、支架和组合阀组成，在燃料加注阀上设有过量安全装置，当加注燃料至规定液面高度时，安全装置自动关闭，以防止燃料加注过量，为了保证安全，规定燃料加注极限为储气瓶容量的 85%。液体输出阀

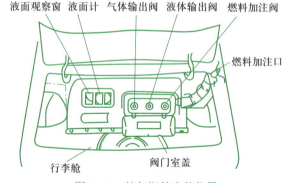

图 5-19   储气瓶的安装位置

具有自动限流功能，当输出流量超过规定值或压差超过 50 kPa 时，液体输出阀将会自动关闭。钢瓶与组合阀组装后，已按规定进行气密性检测，不允许自行拆卸或更换。储气瓶组合阀（图 5-20）由进气口单向阀、自动限充阀、出气口手动阀、超流阀、安全阀（限压阀）、气量表及电子显示器接头组成，有些还装有电磁控制阀。

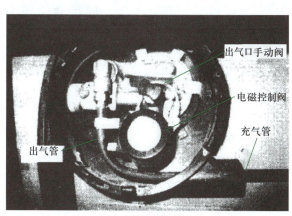
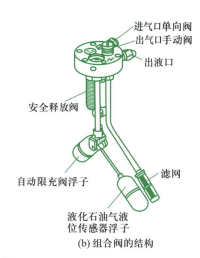

(a) 组合阀的顶部　　　　　　　　　　(b) 组合阀的结构

图 5-20　储气瓶组合阀

（2）高压电磁阀（图 5-21）

高压电磁阀是发动机气体燃料控制系统的第一个部件，从储液罐过来的液化石油气首先到高压电磁阀下部的滤清器，滤清器内部有一个纸质滤芯，需要定期清洗，使用满一定周期后要进行更换。电磁阀的开闭受发动机 ECU 控制，在发动机起动转速超过 200 r/min 时才打开，高压电磁阀出口通过铜管连接到减压蒸发器的入口，液化石油气经高压电磁阀进入调压器。在液化石油气供气管路中，通常安装有 2～3 个电磁阀。当发动机熄火时，它切断气体燃料供应管路。有的电磁阀还具有限制发动机转速的作用。

（3）减压蒸发器（图 5-22）

减压蒸发器又称为蒸发调压器，其功能如下。

① 将高压气体燃料压力调整至工作压力。

② 利用发动机循环热水，提供液态气体燃料气化所需的气化热。

③ 依据发动机负荷，提供适量的气体燃料。

④ 紧急状态或发动机熄火时，自动切断气体燃料供应。

　　　　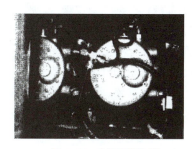

图 5-21　高压电磁阀　　　　　　　图 5-22　减压蒸发器

2）液化石油气燃料汽车燃料供给系统的工作过程

图 5-23 所示为液化石油气燃料供给系统的工作原理示意图。液化石油气以液态储存在储液罐中，发动机工作时，储液罐和供液管截止阀打开，由储液罐流出的液

化石油气经调节器调压、计量后，以气态输送到混合器，与空气混合后被吸入气缸，经火花塞点火燃烧。

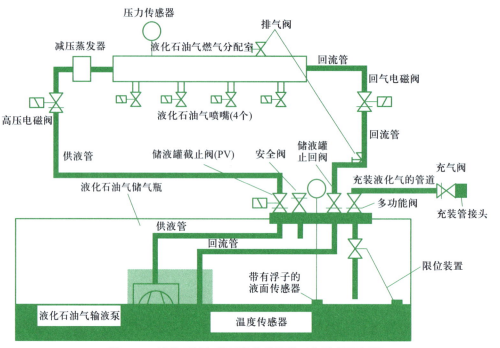

图 5-23   液化石油气燃料供给系统的工作原理示意图

（1）加气过程

将加气站加气枪和液化石油气充气阀连接，打开加气枪加气开关，液化石油气经加气枪、充气阀、加气管路和组合阀流入液化石油气储液罐内。当储液罐内液化石油气液面达到储液罐容积的 80% 位置时，组合阀上的限充装置自动切断液化石油气进气通道，加气枪加气开关自动跳开，完成加气过程。

（2）液化石油气工作过程

将油 / 气转换开关打开至液化石油气位置，打开点火钥匙，起动发动机，当转速超过转换界限，液化石油气截止阀打开液化石油气管路，同时，电喷模拟调节器控制喷嘴处于关闭状态，停止汽油供给，液化石油气蒸发减压后进入混合器。当起动发动机后，油 / 气转换开关得到转速信号输入，条件达到时输出液化石油气电磁截止阀的开启信号，液化石油气电磁截止阀打开液化石油气管路，储液罐内液化石油气在压力作用下经过组合阀、液化石油气管路、液化石油气电磁截止阀输送到蒸发减压器。液态的、具有一定压力的液化石油气在蒸发器内被蒸发减压成接近常压的气态液化石油气，气态液化石油气经低压管路、功率调节器输送至混合器，与来自空气滤清器的空气混合，形成可燃混合气，可燃混合气通过进气歧管进入各个燃烧室被点燃，完成做功过程。

（3）汽油工作过程

将油 / 气转换开关打开至汽油位置，电喷模拟调节器接通汽油喷油器电路，同时，液化石油气电磁截止阀处在关闭位置。发动机按正常电喷方式工作。

（4）汽油至液化石油气的转换

使用汽油时，如果需要将燃料转换到液化石油气，首先将油/气转换开关从汽油位置转换到液化石油气位置，此时电喷模拟调节器控制喷嘴处于关闭状态，同时液化石油气电磁截止阀被打开，液化石油气被供给至发动机，从而完成了从汽油至液化石油气的燃料转换。

注意：在发动机起动时，不管油/气转换开关在什么位置，都是汽油起动，在超过预定的转速后再降到预定转速时才自动转到气体燃料状态。

（5）液化石油气至汽油的转换

汽车使用液化石油气时，如果要将燃料转换至汽油，将油/气转换开关从液化石油气位置转换到汽油位置，此时液化石油气电磁截止阀关闭，电喷模拟调节器接通汽油喷油器电路，汽油被喷射供给发动机。

（6）液化石油气的闭环控制

为了实现对空燃比的精确控制，在系统中安装有一个用于控制液化石油气供给量的闭环控制系统。闭环控制系统中的液化石油气中央控制器读入安装在排气管上的氧传感器测得的尾气中的氧含量信号，然后控制安装在低压管路上的功率调节阀步进电机动作，对液化石油气供给量进行调节，使进入发动机的混合气浓度始终在理论空燃比附近。

5.2.4　二甲醚燃料汽车

1. 二甲醚燃料汽车概述与特点

1）二甲醚燃料概述

二甲醚（DME）是一种优良的清洁能源，是柴油发动机理想的替代燃料，以二甲醚为燃料的汽车称为二甲醚燃料汽车。二甲醚是一种无色无味的气体，具有优良的燃烧性能，清洁、十六烷值高、动力性能好、污染少，稍微加压即变为液体，非常适合作为压燃式发动机的代用能源。与柴油发动机相比，二甲醚发动机优势明显，其功率比柴油机高 $10\% \sim 15\%$，噪声比柴油机低 $10 \sim 15$ dB。更大的优势是它能实现无烟燃烧、超低排放。

2）二甲醚燃料的特点

二甲醚（又称为木醚、甲醚，简称 DME），可以以天然气、煤、石油、焦炭或生物质为原料制取，其理化特性见表 5-3。

表 5-3　二甲醚的理化特性

项目	内容	项目	内容
分子式	C_2H_6O	颜色、气味	在常温下为无色，有轻微醚香味，无毒气体
分子量	46.07	溶解性	溶于水、汽油、四氯化碳、苯等
密度（20℃）（g/cm³）	0.67	气化潜热/（MJ/kg）	467
沸点/℃	−24.9	十六烷值	$55 \sim 66$
闪点/℃	−41.4	低热值/（MJ/kg）	28.43

二甲醚燃料的特点如下。

① 十六烷值大于 55，比柴油还高，滞燃期短，自燃温度低。

② 污染少，其本身氧的质量分数为 34.8%，能够充分燃烧，不积炭，无残液，汽车尾气无须催化、转化处理，即可达到高标准的排放标准。二甲醚重型商用车，一氧化碳排放能减少 20%，碳氢化合物减少 30%，氮氧化合物减少 60%，PM（微粒）排放为零。在大气中，二甲醚在短时间内分解为水及二氧化碳，不会污染环境。

③ 热值高，二甲醚理论混合气热值为 3 066.7 kJ/kg。而柴油的理论混合气热值为 2 911 kJ/kg。因此柴油机燃料用二甲醚，升功率会提高 10%～15%，热效率可提高 2%～3%，噪声可降低 10%～15%。

④ 按等放热量计算，二甲醚的气化潜热为柴油的 2.53 倍，因此会大幅度降低柴油机最高燃烧温度，减少氮氧化合物的排放量。

⑤ 低沸点的特点使二甲醚在喷入气缸后即可气化，其油束的雾化特性将明显优于柴油。

⑥ 二甲醚可以从来源丰富的煤、天然气和生物质中提炼，大规模生产时其成本低于柴油，更适合我国"贫油、少气、多煤"的国情。

⑦ 热值低，只有柴油的 70%，动力不如柴油。

⑧ 储气瓶占用空间大，携带不便，润滑性较差。

2. 二甲醚燃料汽车的发展与现状

1995 年，丹麦技术大学和 Tops-be 公司首先将二甲醚用作柴油机燃料，接着世界著名的 AVL 公司及 AMCO 公司等对二甲醚燃料发动机特性做了较系统的研究。

2000 年，沃尔沃汽车公司也研制出了二甲醚燃料大客车示范样车。

2004 年，国外二甲醚产量在 20 万 t 左右，以甲醇气相脱水法生产为主。生产主要集中在美国、德国、日本和澳大利亚。

2007 年，沃尔沃汽车公司展开了七种可替代能源的货车项目，图 5-24 所示为其二甲醚燃料汽车。

2013 年，沃尔沃汽车公司宣布在美国生产销售二甲醚燃料货车。

2014 年 2 月，美国推出二甲醚燃料替代卡车柴油发动机的应用标准。

我国二甲醚燃料的研究与国外处于同一起跑线。上海交通大学 1997 年承担了我国首项有关二甲醚燃料的国家项目，2005 年，成功研制首台二甲醚燃料城市客车（图 5-25）。

2006 年 11 月 20 日，国务院替代能源会议上就已经提出搞好二甲醚的试验示范和开发应用要求。

2007 年，上海市首批投放了 10 辆二甲醚燃料公交车，并建设了首个二甲醚加注站（图 5-26）。

2008 年年底，国内二甲醚产能已达 409.65 万 t。2012 年，全国二甲醚总产能超过 1 500 万 t，二甲醚的用量约为 600 万 t。产业信息网发布的《2015—2020 年中国新能源汽车市场运行态势与投资前景评估报告》显示，二甲醚不仅是清洁的车用替代燃料，而且还在替代城市气体燃料领域有较大的发展空间。二甲醚是良好的液化石油气替代燃料。

二甲醚可以用在中国能源中占优势地位的煤炭来生产。因此，发展二甲醚燃料汽车，可以改变能源结构，可以缓解我国石油资源相对贫乏的状况，减轻环境污染。二甲醚燃料汽车作为一项新生事物，除了显著的社会效益和环境效益外，还具有明显的经济效益。

以煤为原料、年产 20 万 t 级规模制取二甲醚，生产成本在 3 000 元 /t 以下。二甲醚作为柴油的替代燃料，在价格上具有很强的竞争力。今后若采取煤的多联产系统，将使二甲醚生产成本以及过程能耗进一步下降。我国具有自主知识产权的二甲醚燃料公交车已成功地在上海示范运行，累计运行已达 50 万 km。

选择二甲醚燃料汽车，一是符合我国能源资源条件和国家能源替代战略，二可改善大气环境，三有利于解决汽柴比问题，四是燃料成本和发动机成本具有竞争优势。二甲醚燃料汽车对发展具有中国资源特色的汽车代用燃料、缓解石油供需矛盾、保证我国能源安全及环境保护具有重大战略意义。

图 5-24　沃尔沃二甲醚燃料汽车

图 5-25　二甲醚燃料城市客车

图 5-26　二甲醚加注站

3. 二甲醚燃料汽车燃料供给系统

二甲醚燃料汽车燃料供给系统主要由二甲醚罐、输油泵、滤清器、压力表、蓄能器、喷油泵、喷油器、冷却器和各种阀门等组成（图 5-27），与传统柴油汽车燃料供给系统的结构与工作原理基本相同，不同之处如下。

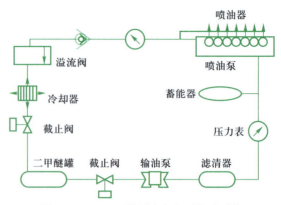

图 5-27　二甲醚燃料汽车燃料供给系统

① 二甲醚常温下为气态，需在 0.5 MPa 压力下实现液化，所以必须使用专门的二甲醚罐加压储存，如图 5-28 所示。

② 二甲醚的热值低，只有柴油机的 70%，为了达到原柴油机的动力水平，必须增大二甲醚发动机的每循环供油量，可以采取加大喷油泵中柱塞直径和柱塞有效行程，加大喷油器中喷孔直径等方法来解决，二甲醚发动机使用喷油泵、喷油器的技术参数是不同于原来的柴油机的。

图 5-28　二甲醚罐

③ 由于二甲醚的黏度低，这就使燃油润滑效果较差，柴油机上的柱塞、出油阀与喷油器会因为润滑不良而发生磨损。因此，必须在二甲醚燃料中加入适量的润滑剂，以保证柴油机运转的可靠性与耐久性。

④ 在环境温度和压力下，二甲醚的爆炸极限范围比较宽。因此，在使用二甲醚时要注意防止二甲醚蒸气的逸出。同时，二甲醚的黏度低也容易使其泄漏气化。另外，二甲醚虽然对金属没有腐蚀性，但对一些弹塑性密封件来说，如长期暴露在二甲醚中会使其密封性能恶化，并逐渐腐蚀剥落。所以在柴油机上用二甲醚做燃料，必须要解决好密封问题。

5.2.5　氢燃料汽车的结构原理

1. 氢燃料的物理、化学性质

1）物理性质

① 无色、无味的气体。

② 密度比空气小（氢气是密度最小的气体）。

③ 难溶于水，不和水反应。

2）化学性质

（1）可燃性

氢气是高能燃料（注意：点燃氢气之前必须验纯）。

纯净的氢气在空气中燃烧时，发出淡蓝色的火焰，放出热量生成水。

化学方程式：$H_2+O_2 \longrightarrow 2H_2O$

（2）还原性

氢气可以冶炼金属，与氧化铜反应，生成铜和水。

化学方程式：$H_2+CuO \longrightarrow Cu+H_2O$

2. 氢燃料汽车

氢燃料汽车使用的燃料是氢气，它是一种环保高能燃料，是航天飞机、火箭发射器等用的燃料，燃烧热能是汽油的三倍，排放的是水，没有任何污染，宝马氢动力 7 系轿车如图 5-29 所示。

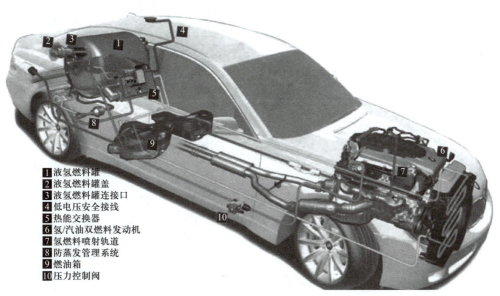

1 液氢燃料罐
2 液氢燃料罐盖
3 液氢燃料罐连接口
4 低电压安全接线
5 热能交换器
6 氢/汽油双燃料发动机
7 氢燃料喷射轨道
8 防蒸发管理系统
9 燃油箱
10 压力控制阀

图 5-29　宝马氢动力 7 系轿车

1）氢燃料汽车燃料供给系统的组成

氢燃料汽车与传统汽车的不同主要在燃料供给系统。氢燃料汽车燃料供给系统的结构示意图如图 5-30 所示。

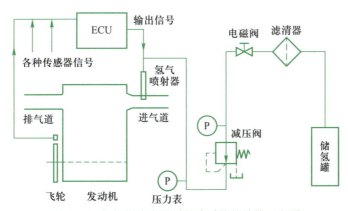

图 5-30　氢燃料汽车燃料供给系统的结构示意图

氢燃料汽车燃料供给系统主要由储氢罐、高压电磁阀、滤清器、减压阀、压力表、氢气流量计量装置、ECU、传感器、氢气喷射器，以及输送氢气的氢气无缝金属管等组成。其中电控系统由各种传感器（如发动机转速传感器、加速踏板位置传感器、氢气压力传感器和温度传感器等）和 ECU 组成。

2）氢燃料发动机的工作原理

工作时，氢气电磁阀打开，氢气从储氢罐出来，经过滤清器、电磁阀到减压器减压，再通过氢气喷射器喷入进气歧管，与空气混合后，进入燃烧室燃烧（图5-31），推动活塞做功，将动力输出，生成的水从排气管排出。氢气喷射器喷氢的时间和数量由 ECU 控制，取决于外部各种传感器输入的信号，如加速踏板位置传感器、进气量传感器和温度传感器等，基本控制原理与电控汽油机类似。

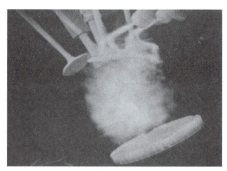

图 5-31　氢燃料发动机的工作原理图

3）氢燃料发动机零部件特殊要求

（1）氢燃料发动机

图 5-32 所示为宝马 7 系的氢燃料发动机，除了燃料供给系统不同外，对发动机的许多零部件都有特殊要求，包括气门和气门座需要采用特殊硬化的材料，以补偿氢燃料相对汽油润滑性能的下降，火花塞采用铱金材料，以延长火花塞的使用寿命，点火线圈采用高能线圈，与火花塞做成整体式，喷油器与燃油轨要专为氢燃料进行设计，气缸垫、活塞、连杆与活塞环采用高强度设计，以适应氢燃料燃烧较高的燃烧压力。

图 5-32　宝马 7 系的氢燃料发动机

（2）储氢罐

储氢罐用于储存液态氢，如宝马 7 系氢燃料发动机除配有一个容量为 74 L 的普通油箱外，还装备一个额外的储氢罐，可容纳约 8 kg 的液态氢。由于高压，储氢罐对安全性能要求特别高，其基本结构如图 5-33 所示。

双燃料氢燃料发动机氢气与汽油的切换十分简捷，如宝马 7 系氢燃料发动机在多功能转向盘上有一个单独的按钮（图 5-34），可以手动完成从氢动力到汽油动力模式的转换。如果一种燃料用尽，系统将会自动切换到另一种燃料形式，保证燃料的供应持续而可靠。

5.2.6　醇燃料概述

1. 醇燃料的来源及分类

1）醇燃料的来源

甲醇（木醇或木酒精）可以由一氧化碳和氢气合成，为无色透明的液体，具有

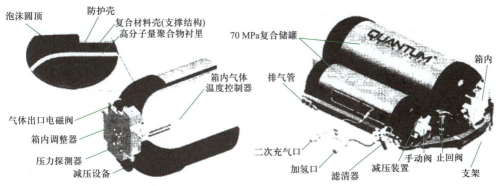

图 5-33　氢燃料汽车储氢罐的基本结构

图 5-34　燃料切换按钮

高挥发性，易燃。它主要从天然气（占 78%）、重油（占 10%）、石脑油（占 7%）、液化石油气（占 3%）、煤炭（占 2%）、页岩油、木材和垃圾等物质中提炼。

乙醇俗称为酒精，其工业生产方法主要有发酵法、乙烯水合法等方法，我国一直以发酵法为主，其生产原料有三类：第一类是含糖作物与副产物，如甘蔗、甜菜、甜高粱和糖蜜等；第二类是淀粉质作物，如玉米、高粱、小麦、红薯和马铃薯等；第三类是纤维素原料，如木材、木屑和谷物秸秆等。目前主要是利用发酵法生产乙醇，其所用的原料基本属第一类。

第二类原料不仅储量较大，而且大都可以再生，这就保证了醇燃料的稳定生产。值得指出的是从大多数植物中提取乙醇时消耗的能量过大，如由土豆、小麦、玉米、甜菜中提取乙醇时所消耗的能量与获得的能量之比分别为 1.32、1.28、1.15、0.96，并且在乙醇的制造过程中还要消耗大量的水，增加水污染。每生产 1 L 乙醇要消耗 11 L 水左右，可见廉价的、对水污染低的乙醇的制造技术并未成熟。

2）醇燃料的分类

（1）按组成成分和性质分类

按组成成分和性质的不同，醇燃料主要有甲醇（CH_3OH）和乙醇（C_2H_5OH），它们都是相对分子质量较小的单质，燃烧产物中基本没有炭烟，氮氧化合物的排放浓度也很低，是一种低污染性燃料。醇燃料汽车是指以甲醇汽油、乙醇汽油、甲醇、乙醇作为燃料的汽车。醇燃料可以与汽油或柴油按一定比例配制成混合燃料，也可以直接采用醇燃料作为发动机的燃料。醇燃料汽车与电动汽车、压缩天然气燃料汽车一样，都是新能源和清洁代用燃料汽车。

（2）按在汽车上的应用分类

按在汽车上应用的不同，醇燃料主要有三种类型：掺烧、纯烧和改质。

① 掺烧类型是醇燃料在汽车上的主要应用方式。为了使内燃机用甲醇做燃料时能有良好的效果，可采用不同的掺烧方式，调整混合燃料的性质，改进内燃机结构及设计良好的掺烧及控制装置。掺烧主要是指醇燃料（甲醇或乙醇）以不同的体积比例掺入汽油（柴油）中。

掺烧的主要方法有三种：混合燃料法、熏蒸法和双供油系统法，前两种方法既可用在柴油机上，又可用在汽油机上，而双供油系统法仅用在柴油机上。醇燃料易于自然吸水且相对密度小于柴油，故与柴油的互溶性较差，一般情况主要针对醇燃料与汽油进行掺烧。最常用的方法是混合燃料法，甲醇（或乙醇）与汽油的混合燃料称为甲醇（或乙醇）汽油或称为汽醇。甲醇、乙醇与汽油的混合燃料分别用 MX 和 EX 表示，X 表示醇燃料在燃料中的含量（体积分数）。例如，甲醇汽油混合燃料有 M5（含甲醇 5%）、M10（含甲醇 10%）、M85（含甲醇 85%），纯甲醇燃料用 M100 表示。实际甲醇的含量最多为 85%～90%，其他都是添加剂。通常掺烧 3%～5%，甲醇发动机无须做出任何变化。乙醇汽油混合燃料有 E10（含乙醇 10%，现在我国主要推广）、E20（含乙醇 20%），纯乙醇燃料用 E100 表示。研究表明，如果掺烧的乙醇少于 10%，则发动机不必进行改造，只要做适当的调整，汽车性能即可与燃烧汽油时相当。掺烧比例加大时，可通过适当增大压缩比，增加发动机预热装置来保证汽车的各种使用性能。同时，在混合燃料中添加助溶剂，以防止醇燃料与汽油分层。

② 纯烧类型是指单纯燃烧甲醇或乙醇燃料，主要方式有六种：裂解法、蒸气法、火花塞法、电热塞法、炽热表面法、加入着火改善剂法。其中，后三种方法仅用在柴油机上，其他方法既可用在柴油机上，又可用在汽油机上。

纯烧类型的优点是发动机可以根据燃料的特点进行改造。如按醇燃料的理论空燃比设计和调整供油系统，加装发动机预热装置，加大油泵的供油量，改善零部件的耐蚀性等。通过改造发动机，纯烧类型汽车的动力性和燃料经济性可比烧汽油时有较大的提高。

③ 改质类型现在主要是指醇燃料的改质。甲醇利用发动机的余热将甲醇生成为氢气和一氧化碳，然后输送到发动机内燃烧。使用甲醇改质需要对发动机进行较大的改造，最好重新设计发动机。变性燃料乙醇是指乙醇脱水后再添加变性剂而生成的以乙醇为主的燃料。

2. 醇燃料的主要特性

甲醇和乙醇均是无色透明、易挥发的可燃液体。甲醇和乙醇与汽油相比，热值低、蒸发热大、抗爆性好、含氧量高。甲醇略带酒精味，有毒，进入人体会引起胃痛、肌肉痉挛、头昏和乏力等症状，严重时可导致失明甚至死亡。乙醇又称为酒精，有强烈的气味，对人体的大脑神经有麻痹作用。甲醇和乙醇的性质相似之处很多，与汽油相比，它们的优点、缺点几乎相同，只是在程度上略有差别。另外，醇燃料吸水性强，化学活性高，容易发生早燃。

醇燃料在汽车上应用的特点如下。

① 醇燃料中含氧量大、热值低，所需要的理论空气量比汽油或柴油少，从而保证发动机的动力性能不降低。

② 醇燃料的辛烷值比汽油高，是点燃发动机好的替代燃料，作为提高汽油辛烷值的优良添加剂，可以采用高压缩比提高热效率。普通汽油与 15% ～ 20% 的醇燃料混合，辛烷值可以达到优质汽油的水平，但是醇燃料的抗爆性敏感度大，中、高速时的抗爆性不如低速时好。

③ 常温下为液体，操作容易，储运方便。

④ 可燃界限宽，汽油的着火极限为 1.4 ～ 7.6，甲醇的着火极限为 6.7 ～ 36，燃烧速度快，火焰传播速度比汽油快，可以实现稀薄燃烧，利于排气净化和空燃比控制。

⑤ 与传统的发动机技术有继承性，特别是使用汽油 – 醇混合燃料时，发动机结构变化不太大，减少了燃烧室表面的燃烧沉积物，改善了发动机的排放性能。

⑥ 由于十六烷值低，着火性差，着火延迟期长，在压燃式发动机中采用醇燃料要困难得多，在点燃式发动机中应用较广。

⑦ 蒸发热大，使醇燃料低温起动和低温运行性能恶化。但在汽油中混合低比例的醇，由燃烧室壁面给液体醇以蒸发热，这可成为提高发动机热效率和冷却发动机的有利因素。

⑧ 热值低，甲醇的热值只有汽油的 48%，乙醇的热值只有汽油的 64%。因此，与汽油相比，在同等的热效率下，醇的燃料经济性较低。

⑨ 沸点低，饱和蒸气压高，容易产生气阻。

⑩ 醇混合燃料容易发生分层。

3. 醇燃料汽车的结构原理

1）醇燃料在汽车上的应用方式

醇燃料在汽车上的应用方式主要有以下四类。

（1）掺烧

掺烧指甲醇或乙醇和汽油混合形成混合燃料燃烧。以“E”表示醇燃料的体积分数，如乙醇占 15%，则用 E15 来表示，目前，掺烧乙醇在醇燃料汽车中占主要地位。

（2）纯烧

纯烧即单纯烧甲醇或乙醇，可用 E100 表示，目前应用并不多，属于试行阶段。

（3）变性燃料

变性燃料指乙醇脱水后，再添加变性剂而生成的乙醇，这也是属于试验应用阶段。

（4）灵活燃料

灵活燃料指汽车燃料既可用汽油，又可以使用乙醇或甲醇与汽油按一定比例混合的燃料，还可以用氢气作为燃料，并随时可以切换。

2）醇燃料汽车燃料供给系统的组成与基本结构原理

醇燃料汽车燃料供给系统主要由油箱、燃油泵总成（燃油泵、粗细滤清器等）、油管和喷油器等组成（图5-35），与传统汽油车燃料供给系统的结构与工作原理基本相同。

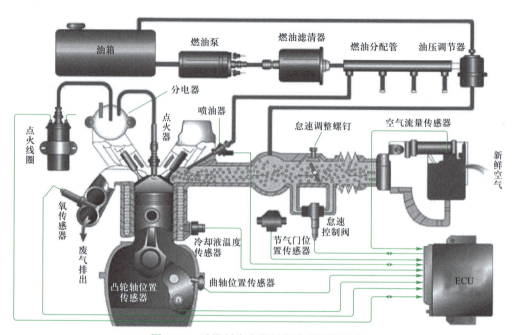

图 5-35   醇燃料汽车燃料供给系统的组成

醇燃料汽车燃料供给系统与传统汽油车燃料供给系统不同之处如下。

① 油箱需采用与甲醇或乙醇相容的材料制造，如不锈钢、钝化或阳极氧化处理的铝合金、氟化高密度聚乙烯、氟丁橡胶或者其他与甲醇相容的合成橡胶、纤维加强塑料等。由于醇燃料的比容积热值低，为了使甲醇燃料汽车一次加燃料后的续航里程和原汽油车基本一样，油箱的容积应该加大。醇与汽油的混合燃料在低温状态会出现分离情况，解决的办法之一是在油箱中设置一电动搅拌器，需要时用机械搅拌法使其不分离。

② 由于醇燃料的润滑性差，所以需要向喷油泵供给专用润滑油，或在醇燃料中加 0.5%～1%（体积分数）的蓖麻油。

③ 需要增加一个燃料切换控制器，用以切换燃料供给模式，同时应智能改变发动机点火系统参数，使醇燃料在气缸内充分燃烧，燃料切换控制器一般是与发动机ECU 集成在一起。

④ 喷油器采用电磁阀式。用不锈钢制造喷油器本体，各处密封件的材料是氟化橡胶，而其中小型甲醇滤清器是用能与甲醇相容的金属粉末烧结而成，孔隙很小。喷油器的流量范围既要能满足全负荷时甲醇循环供应量的要求，又要满足使用汽油时，运转小流量要求。其工作原理与电喷汽油机类似。

▶ 搜一搜 / 想一想

利用互联网搜索目前市场上典型的气体燃料汽车、生物燃料汽车。

巩固与提高

一、选择题

1.学生 a 说，压缩天然气燃料汽车比传统汽车好。学生 b 说，液化石油气燃料汽车比传统汽车好。他们的说法（　　）。

　　A.只有学生 a 正确　　　　　　B.只有学生 b 正确

　　C.学生 a 和 b 都正确　　　　　D.学生 a 和 b 都不正确

2.下列说法正确的是（　　）。

　　A.压缩天然气燃料汽车排放物没有污染

　　B.液化石油气燃料汽车排放物没有污染

　　C.氢燃料汽车排放物没有污染

　　D.上述三种汽车排放物都有污染

3.学生 a 说，压缩天然气减压阀是把高压天然气变为 7 ～ 9 MPa 的低压气体。学生 b 说，压缩天然气减压阀是把高压天然气变为 0.7 ～ 0.9 MPa 的低压气体。他们的说法（　　）。

　　A.只有学生 a 正确　　　　　　B.只有学生 b 正确

　　C.学生 a 和 b 都正确　　　　　D.学生 a 和 b 都不正确

4.学生 a 说，压缩天然气燃料汽车减压蒸发器上电磁阀线圈断路，会引起汽车发动机功率下降。学生 b 说，压缩天然气燃料汽车减压器上电磁阀线圈断路，会引起汽车发动机运转不平稳。他们的说法（　　）。

　　A.只有学生 a 正确　　　　　　B.只有学生 b 正确

　　C.学生 a 和 b 都正确　　　　　D.学生 a 和 b 都不正确

5.学生 a 说液化石油气燃料汽车减压蒸发器的作用是使液态液化石油气变为气态，学生 b 说液化石油气燃料汽车减压蒸发器的作用是使液化石油气减压，他们的说法（　　）。

　　A.只有学生 a 正确　　　　　　B.只有学生 b 正确

　　C.学生 a 和 b 都正确　　　　　D.学生 a 和 b 都不正确

6.下列说法正确的是（　　）。

　　A.液化石油气燃料汽车喷嘴一个电磁阀线圈断路，会引起汽车发动机熄火

　　B.液化石油气燃料汽车喷嘴一个电磁阀线圈搭铁，会引起汽车发动机熄火

　　C.氢燃料汽车发动机除燃料供给系统不同外，其他的都一样

　　D.氢燃料汽车是目前最环保的一种新型汽车

7.下列说法正确的是（　　）。

A. 灵活燃料汽车是指使用甲醇燃料的汽车

B. 灵活燃料汽车是指使用乙醇燃料的汽车

C. 灵活燃料汽车是指使用甲醇和乙醇燃料的汽车

D. 灵活燃料汽车是指可以使用汽油，也可以使用甲醇和乙醇与汽油混合燃料的汽车

8. 下列说法正确的是（　　　）。

A. 醇燃料不具有腐蚀性

B. 醇燃料易于冷起动

C. 醇燃料具有较高的溶解性

D. 醇燃料不易有高温气阻

9. 下列说法正确的是（　　　）。

A. 醇燃料发动机不易磨损

B. 醇燃料对人体、生态的影响较汽油要小

C. 甲醇的热值比乙醇大

D. 醇燃料中含氧量大、热值低，且无毒性

10. 下列说法正确的是（　　　）。

A. 在柴油机中使用纯醇燃料不必加着火改善剂

B. 醇燃料很适合于柴油机

C. 甲醇的热值不到汽油的一半

D. 压缩比提高后，宜采用热型火花塞；加大输油泵的供油能力，以避免气阻

11. 下列说法正确的是（　　　）。

A. 可以不按压缩比选用醇燃料

B. 醇燃料低温起动和低温运行性能良好

C. 掺烧是醇燃料在汽车上的主要应用方式

D. 醇燃料发动机使用醇燃料时排放物中的氮氧化合物、碳氢化合物、一氧化碳含量较使用汽油时高

12. 下列说法正确的是（　　　）。

A. 醇燃料不存在混合燃料的分层问题

B. 醇燃料对橡胶件没有任何腐蚀和影响

C. 醇燃料首次使用前不需要对车辆内部进行清洗

D. 醇燃料汽车是使用醇基燃料（甲醇、乙醇等）的汽车统称

二、简答题

1. 比较压缩天然气燃料、液化石油气燃料、氢燃料汽车，各有哪些优缺点？

2. 说明压缩天然气燃料汽车的基本组成和工作原理。

3. 二甲醚燃料汽车燃料供给系统组成有哪些？

4. 怎样解决氢燃料发动机本身存在的问题？

5. 醇燃料存在的问题有哪些？

6. 使用醇燃料的注意事项有哪些？

参 考 文 献

［1］崔胜民.新能源汽车概论［M］.2 版.北京：北京大学出版社,2015.

［2］关云霞，梁晨.新能源汽车技术［M］.北京：机械工业出版社，2018.

［3］刘竞一.纯电动汽车结构及控制技术［M］.重庆：重庆大学出版社,2017.

［4］陈社会.混合动力汽车构造与维修［M］.北京：机械工业出版社，2017.

［5］王志成，钱斌，张惠国，等.燃料电池与燃料电池汽车［M］.北京：科学出版社，2016.